상위 10% 영재아를 위한

한버공 영재 수학퀴즈 ③

JN382221

상위 10% 영재아를 위한 수학퀴즈

연산 문제 하나 더 빨리 푸는 것보다 골똘히 두뇌 회전 한 번 하는 건 어떤가요?

수학적 사고력의 깊이는 유연하고 다양한 뜻밖의 생각을 떠올리는 데에서 생기지 않을까요?

여러 가지 유형의 수학 퀴즈를 풀어보면서 수학놀이의 재미를 느껴 보시길 !!!!!

3 차례

문제 1 · 정사각형 넓이 구하기 … 5 	문제 10 · 숫자 찾기 ………… 23 1, 2, 3, 4, 5, 6, 7, 8, 9, 10, 11, ⑫, 13, 14, 15, 16, 17, 18, 19, ⑳ ㉑ ㉒ ㉓ ㉔ ㉕ ㉖ ㉗ ㉘ ㉙
문제 2 · 도형의 둘레 구하기 …… 7 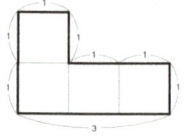	문제 11 · 부호 넣어 식 완성하기 … 25 7 (+) 7 (−) 7 = 7
문제 3 · 도형의 둘레 구하기 …… 9 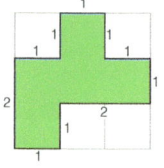	문제 12 · 부호 넣어 식 완성하기 … 27 4(+)5(+)8(−)8 = 9
문제 4 · 도형의 둘레 비교 ……… 11 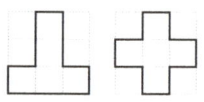	문제 13 · 부호 넣어 식 완성하기 … 29 1(+)2(+)3(−)4(+)5(−)6 = 1
문제 5 · 도형의 둘레 비교 ……… 13 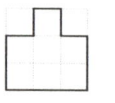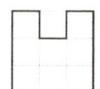	문제 14 · 덧뺄셈하여 숫자 만들기 … 31 10 = 9+1 11 = 9+3−1 12 = 9+3 13 = 9+3+1
문제 6 · 자른 도형 둘레 비교 …… 15 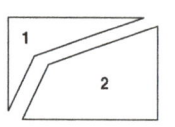	문제 15 · 큰 수 작은 수 만들기 …… 33 (1 3 9) (9 3 1)
문제 7 · 도형의 넓이 비교 ……… 17 	문제 16 · 세번째 큰 수 만들기 …… 35 120 0, 1, 2
문제 8 · 정사각형 넓이 구하기 … 19 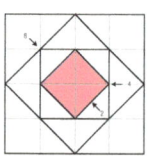	문제 17 · 두 수의 합 구하기 ……… 37 (4 1)+(3 2)=(7 3)
문제 9 · 삼각형 넓이 비교 ……… 21 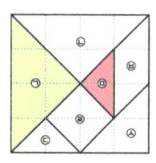	문제 18 · 연속수 구하기 ………… 39 4 + 5 + 6 = 15

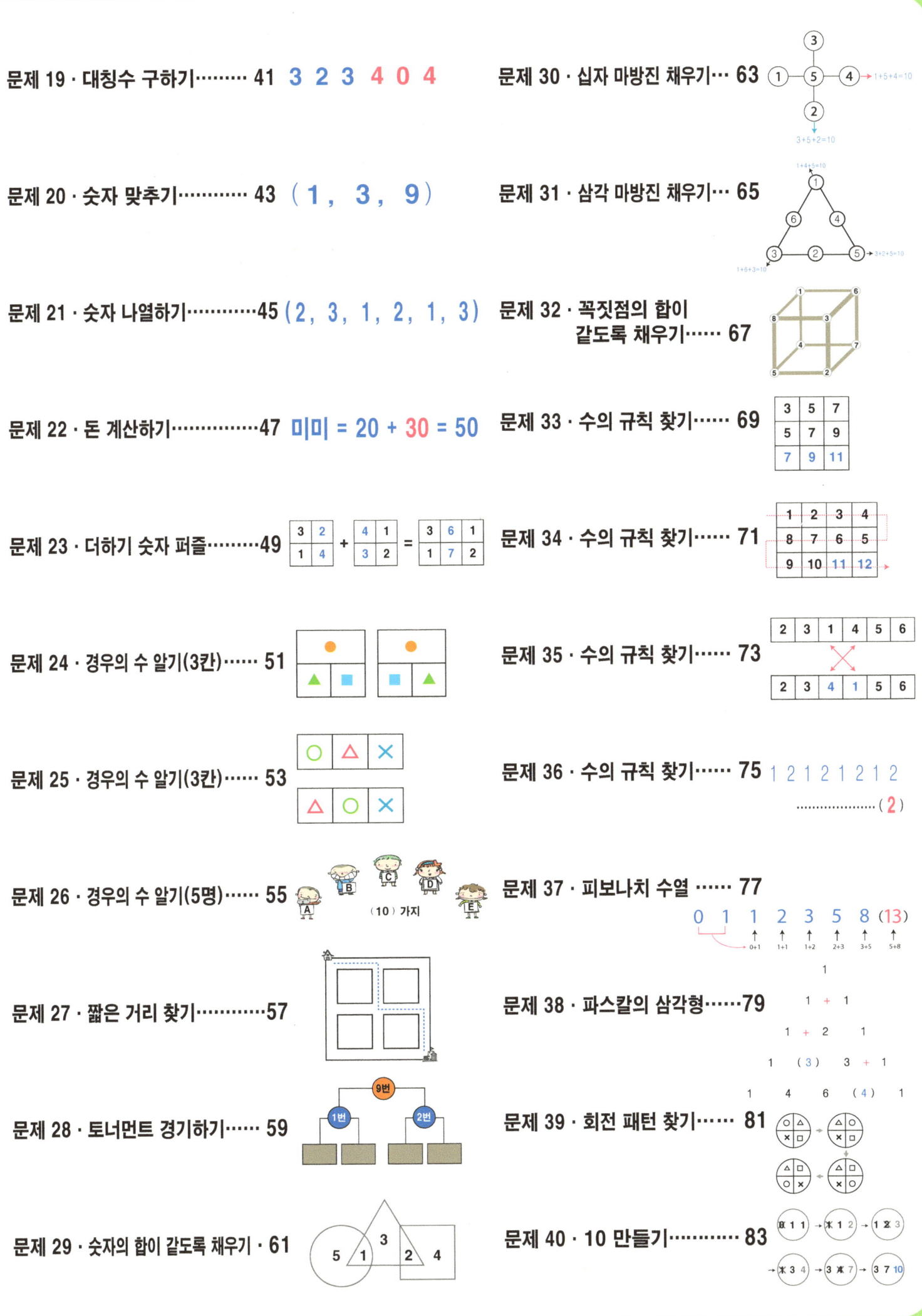

상위 10% 영재아를 위한 수학퀴즈

문제 1 · 정사각형 넓이 구하기

다음 직사각형에서 정사각형 1개의 크기가 1이라면
빗금친 부분의 크기(넓이)는 몇인가요?

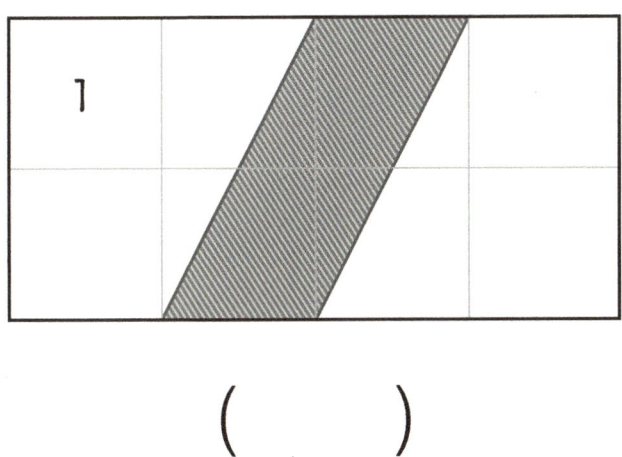

( )

문제 1(풀이)

다음 직사각형에서 정사각형 1개의 크기가 1이라면 빗금친 부분의 크기(넓이)는 몇인가요?

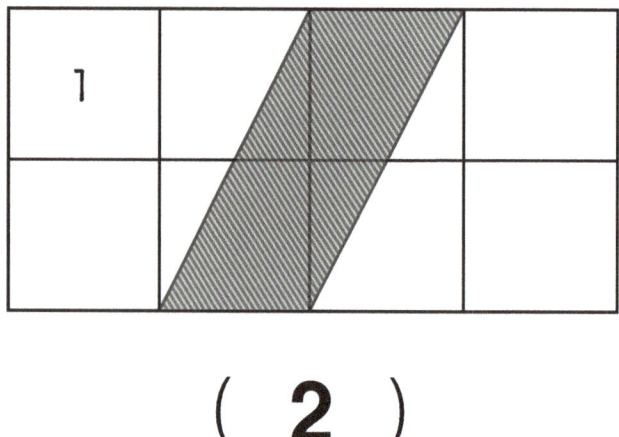

(**2**)

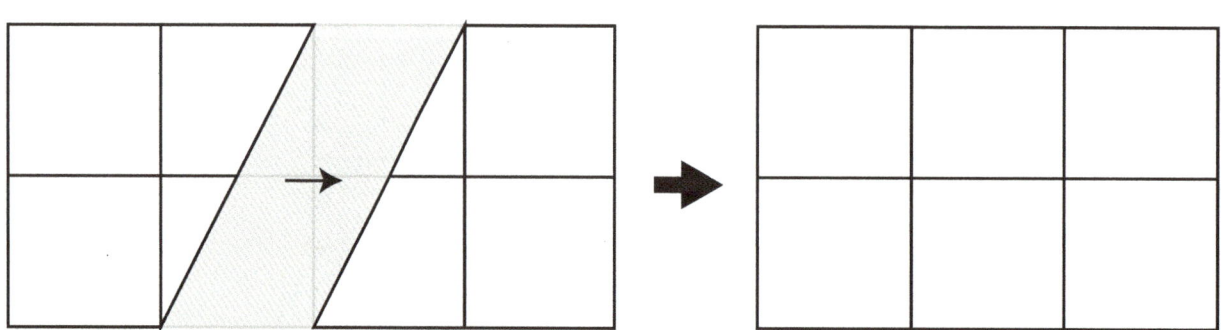

전체 정사각형의 수는 8입니다. 빗금친 부분을 빼고 이동시킨 정사각형의 수는 6입니다. 따라서

8-6=2

문제 2 · 도형의 둘레 구하기

한 변의 길이가 1인 도형의 둘레는 아래와 같습니다.

다음 도형의 둘레를 구하시오.

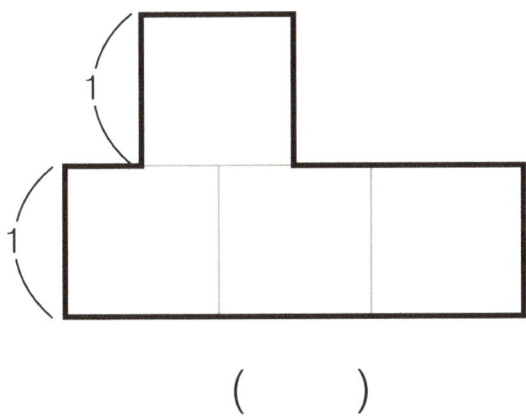

(   )

문제 2(풀이)

한 변의 길이가 1인 도형의 둘레는 아래와 같습니다.

다음 도형의 둘레를 구하시오.

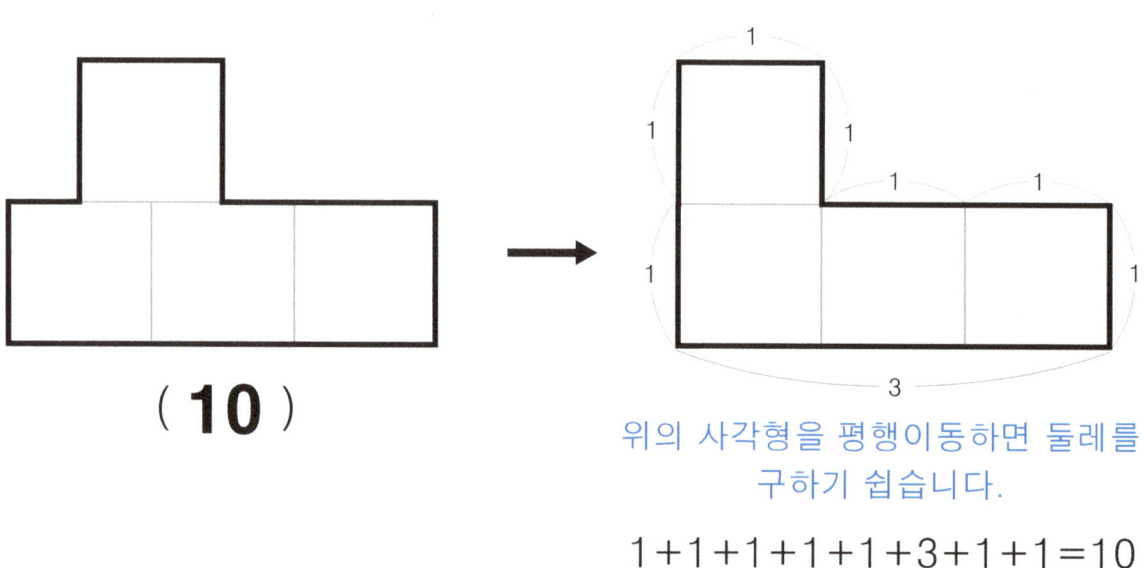

(**10**)

위의 사각형을 평행이동하면 둘레를 구하기 쉽습니다.

1+1+1+1+1+3+1+1=10

문제 3 · 도형의 둘레 구하기

색칠된 도형의 둘레를 구하시오.

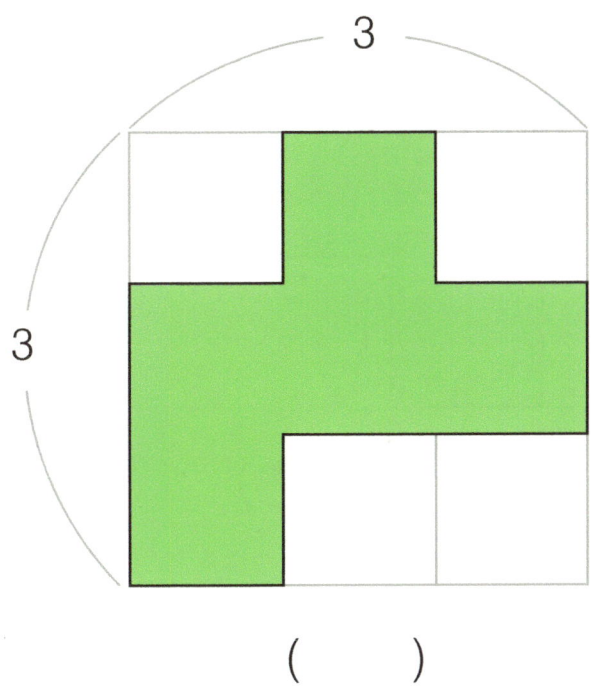

( )

문제 3(풀이)

색칠된 도형의 둘레를 구하시오.

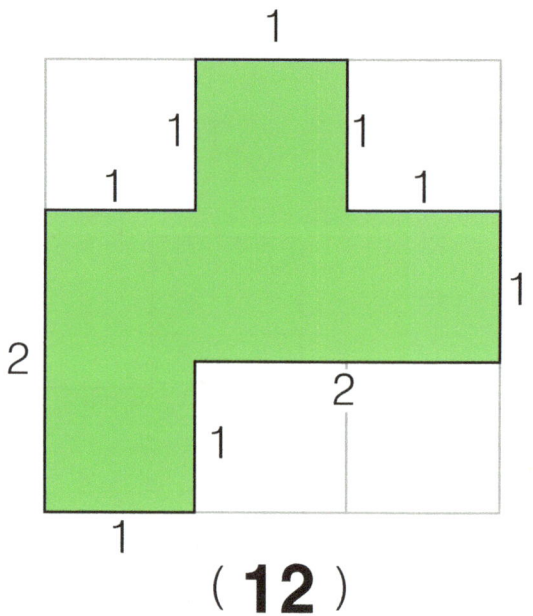

(**12**)

가로 세로가 각각 3이면 정사각형 한 변의 길이는 1이므로 둘레는 12입니다.

문제 4 · 도형의 둘레 비교

다음 중 둘레의 길이가 다른 것에 ◯ 표 하시오.

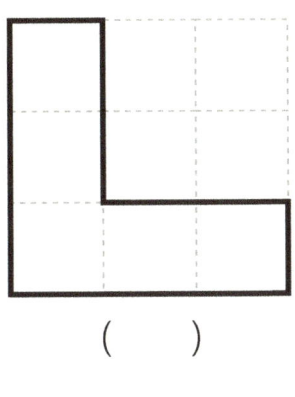
(   )

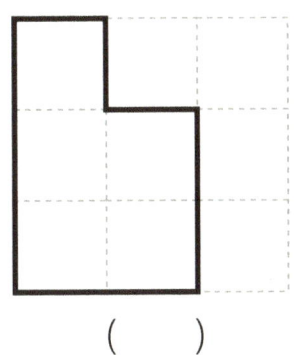
(   )

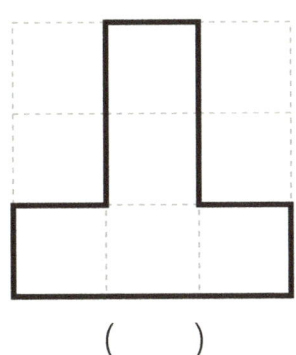
(   )

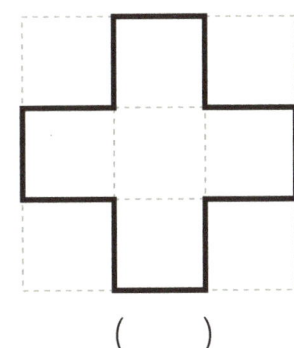
(   )

문제 4(풀이)

다음 중 도형의 둘레의 길이가 다른 것에 ◯ 표 하시오.

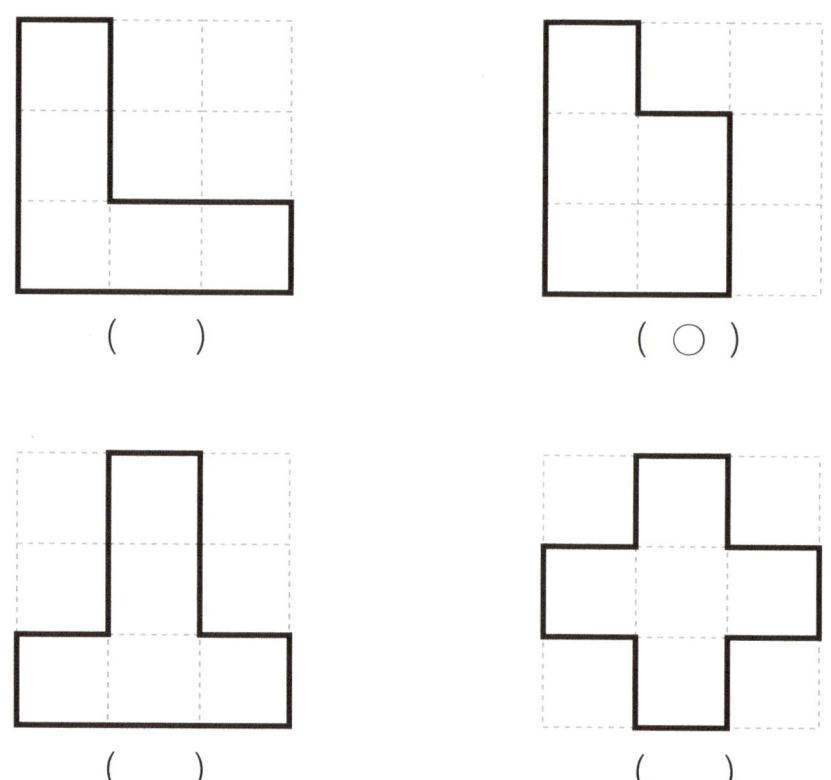

정사각형 한 면의 길이가 1이라고 가정하면 세 개의 도형의 둘레는 모두 12입니다.
나머지 한 개는 10입니다.

문제 5 · 도형의 둘레 비교

다음 중 둘레의 길이가 가장 긴 것에 ○표 하시오.

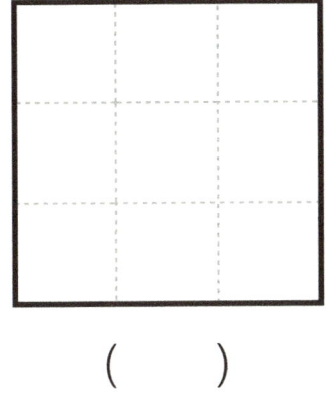 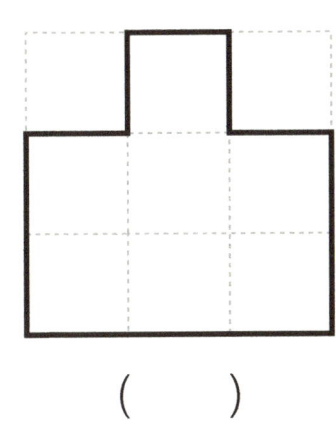 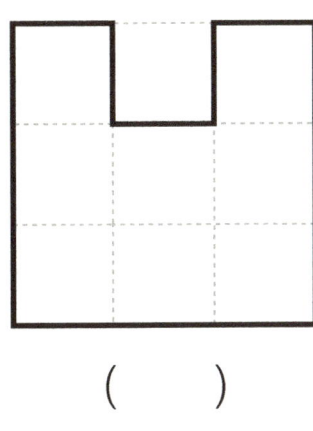

( ) ( ) ( )

문제 5(풀이)

다음 중 둘레의 길이가 가장 긴 것에 ◯ 표 하시오.

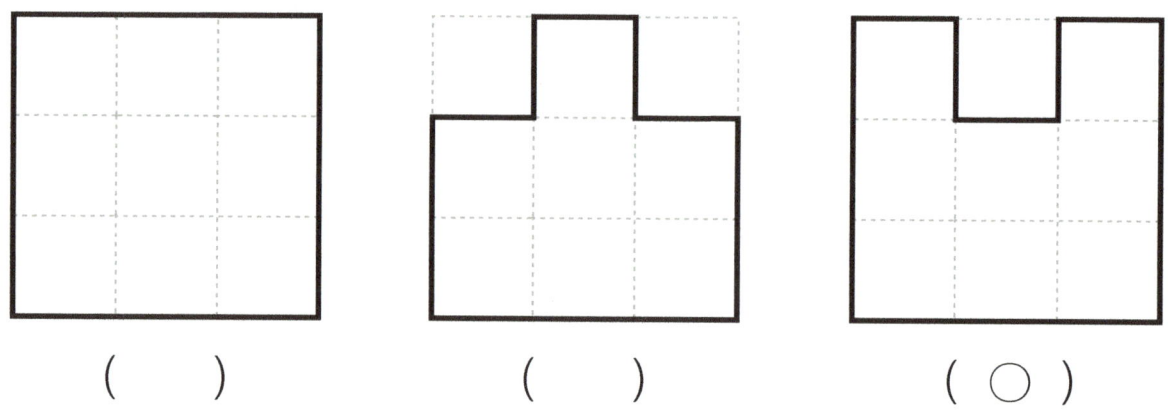

( )　　　　( )　　　　(◯)

작은 정사각형 1변이 1이라면
왼쪽부터 차례대로 둘레가 12, 12, 14입니다.

문제 6 · 자른 도형 둘레 비교

사각형을 대각선을 중심으로 아래와 같이 나누었습니다.
나누어진 두 도형의 둘레의 설명이 맞는 것에 ○ 표 하시오.

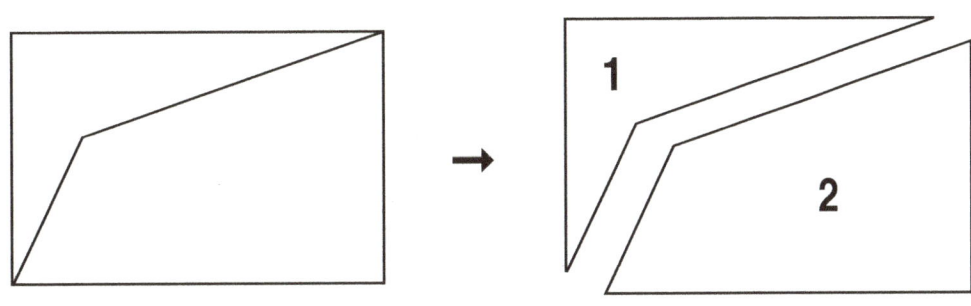

① **1번 도형이 길다.** (　　)

② **2번 도형이 길다.** (　　)

③ **1번 2번이 같다.** (　　)

문제 6(풀이)

사각형을 대각선을 중심으로 아래와 같이 나누었습니다.
나누어진 두 도형의 둘레의 설명이 맞는 것에 ○ 표 하시오.

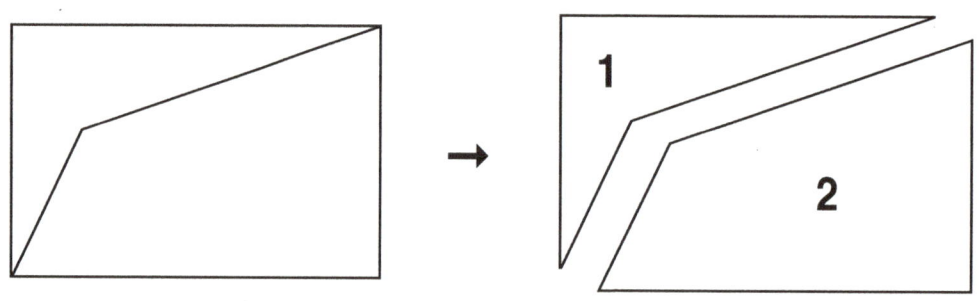

① **1번 도형이 길다.** (   )

② **2번 도형이 길다.** (   )

③ **1번 2번이 같다.** (○)

문제 7 · 도형의 넓이 비교

아래 빗금친 도형의 크기에 대한 설명으로 맞는 것에 ◯ 표 하시오.
붉은 색으로 표시한 각은 직각 입니다.

A 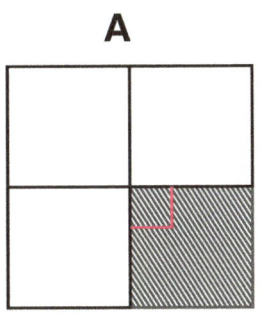   **B** 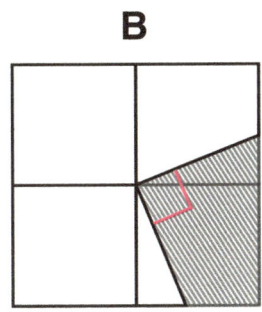   **C**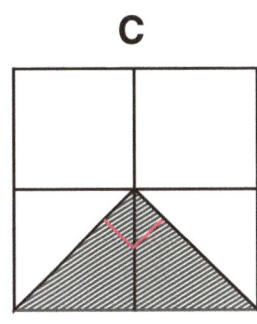

A가 가장 크다 (　　　)

B가 가장 크다 (　　　)

C가 가장 크다 (　　　)

모두 같다 (　　　)

문제 7(풀이)

아래 빗금친 도형의 크기에 대한 설명으로 맞는 것에 ○ 표 하시오.
붉은 색으로 표시한 각은 직각 입니다.

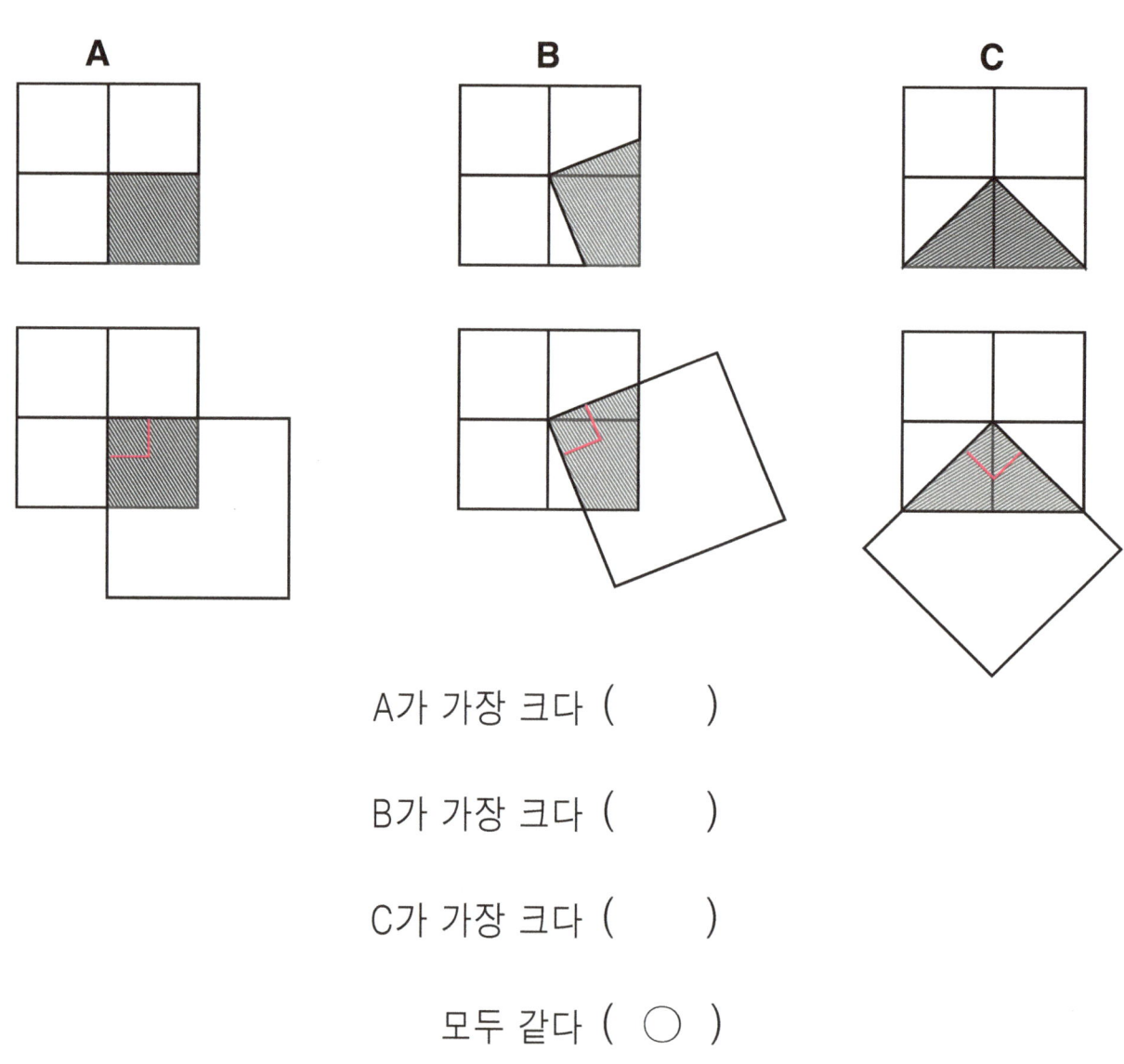

A가 가장 크다 (   )

B가 가장 크다 (   )

C가 가장 크다 (   )

모두 같다 (○)

중심선을 기준으로 회전하여 겹쳐진 도형의 크기는 모두 같습니다.

문제 8 · 정사각형 넓이 구하기

아래와 같이 정사각형 안에 꽉찬 정사각형을 계속 만들었습니다.
가장 큰 정사각형의 넓이가 16이라면
색칠된 가장 작은 정사각형의 넓이는 얼마일까요?

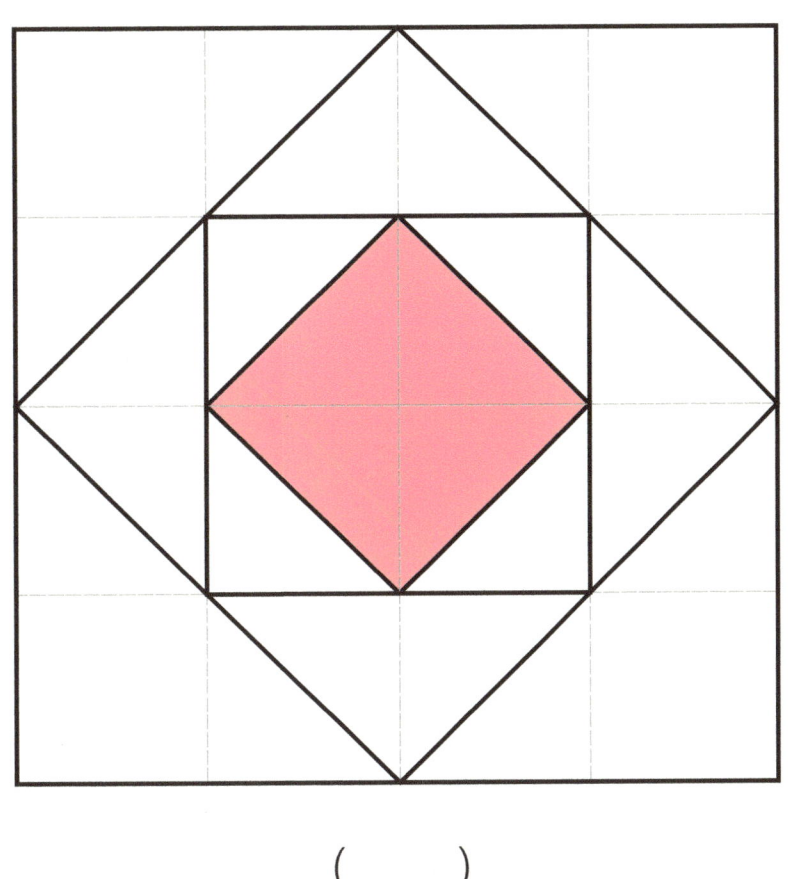

(   )

문제 8(풀이)

아래와 같이 정사각형 안에 꽉찬 정사각형을 계속 만들었습니다.
가장 큰 정사각형의 넓이가 16이라면
색칠된 가장 작은 정사각형의 넓이는 얼마일까요?

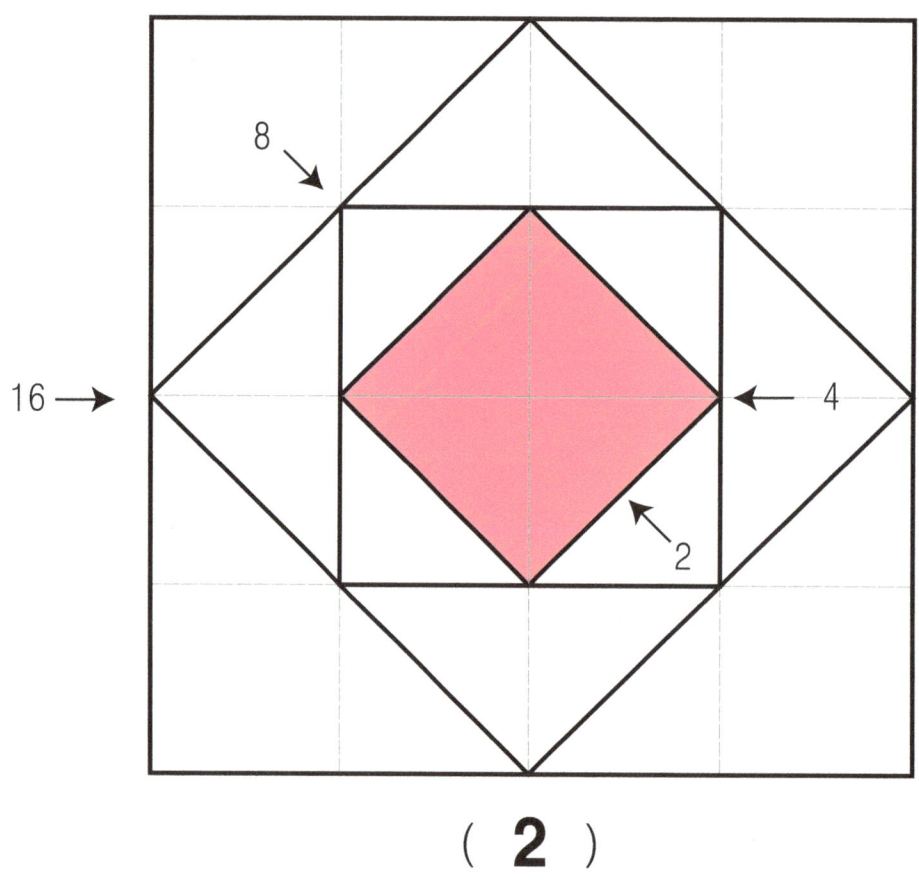

(**2**)

가장 큰 정사각형의 넓이가 16이라면 점선으로된 정사각형의 크기는 1입니다.
점선으로 된 정사각형의 개수를 세면 넓이를 구할 수 있습니다.
결국 16, 8, 4, 2…. 반씩 줄어드는 규칙을 발견할 수 있습니다.

문제 9 · 삼각형 넓이 비교

아래 칠교조각에서 가장 큰 ㉠ 조각은 가장 작은 ㉤ 조각의 몇 배인지 쓰시오.

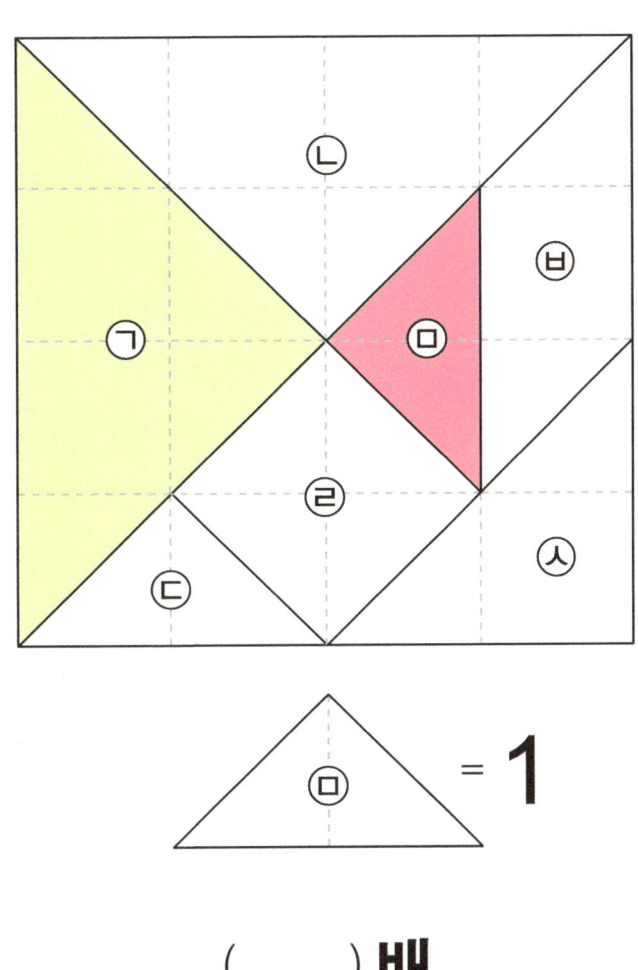

( ) 배

문제 9(풀이)

아래 칠교조각에서 가장 큰 ㉠ 조각은 가장 작은 ㉥ 조각의 몇 배인지 쓰시오.

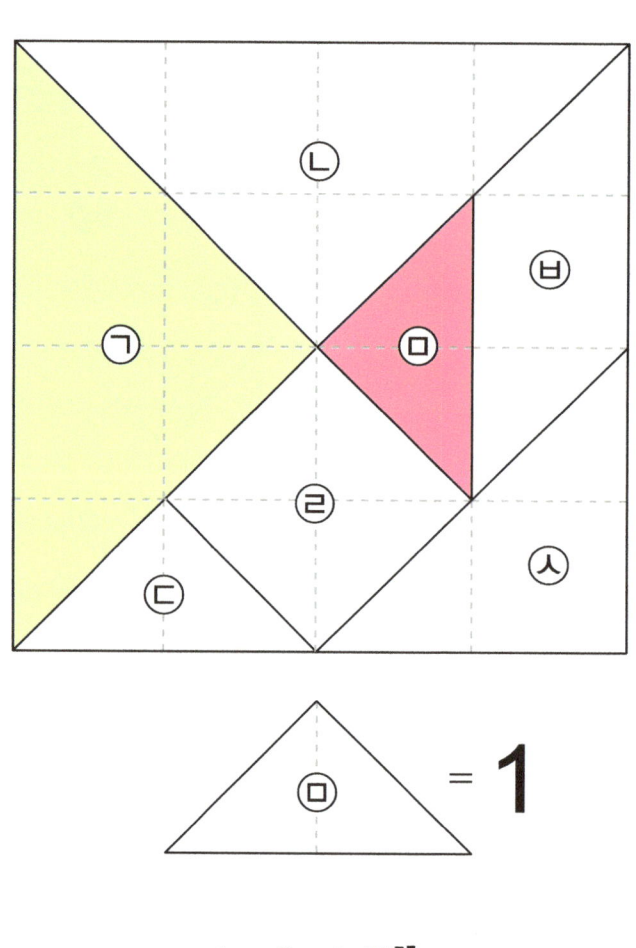

(**4**)배

문제 10 · 숫자 찾기

1부터 30까지의 숫자 중 2는 몇 개 들어 있는지 쓰시오.

1, 2, 3, 4, 5, 6 ·············· 30

( ) 개

문제 10 (풀이)

1부터 30까지의 숫자 중 2는 몇 개 들어 있는지 쓰시오.

1, ②, 3, 4, 5, 6, 7, 8, 9,

10, 11, ⑫, 13, 14, 15, 16, 17, 18, 19,

㉒, ㉑, **㉒**, ㉓, ㉔, ㉕, ㉖, ㉗, ㉘, ㉙,

30

(13) 개

2(1개), 12(1개), 20-29(11개 - 숫자 22는 2가 두 번 들어갑니다.)

문제 11 · 부호 넣어 식 완성하기

빈 칸에 +, − 의 수식 부호를 한 번씩 넣어 식을 완성하시오.

7 ( ) 7 ( ) 7 = 7

문제 11(풀이)

빈 칸에 +, - 의 수식 부호를 한 번씩 넣어 식을 완성하시오.

7 (+) 7 (-) 7 = 7

7 (-) 7 (+) 7 = 7

문제 12 · 부호 넣어 식 완성하기

빈 칸에 +, −의 수식 부호를 넣어 식을 완성하시오.

4 ( ) 5 ( ) 8 ( ) 8 = 9

문제 12(풀이)

빈 칸에 +, −의 수식 부호를 넣어 식을 완성하시오.

4 (+) 5 (+) 8 (−) 8 = 9

문제 13 · 부호 넣어 식 완성하기

빈 칸에 +, − 의 수식 부호를 넣어 식을 완성하시오.

1 (　) 2 (　) 3 (　) 4 (　) 5 (　) 6 = 1

문제 13(풀이)

빈 칸에 +, − 의 수식 부호를 넣어 식을 완성하시오.

1 (+) 2 (+) 3 (−) 4 (+) 5 (−) 6 = 1

문제 14 · 덧뺄셈하여 숫자 만들기

1, 3, 9 세 개의 숫자를 이용하여 1부터 13까지의 숫자를 만드시오.

1 = 1

2 = 3-1

3 = 3

4 = 1+3

5 = 9-3-1

6 = 9-3

7 = 9-3+1

8 =

9 =

10 =

11 =

12 =

13 =

문제 14(풀이)

1, 3, 9 세 개의 숫자를 이용하여 1부터 13까지의 숫자를 만드시오.

1 = 1

2 = 3−1

3 = 3

4 = 1+3

5 = 9−3−1

6 = 9−3

7 = 9−3+1

8 = 9−1

9 = 9

10 = 9+1

11 = 9+3−1

12 = 9+3

13 = 9+3+1

문제 15 · 큰 수 작은 수 만들기

1, 3, 9 세 개의 숫자로 만들 수 있는 세 자릿수는 모두 6가지 입니다.
작은 수부터 차례대로 모두 쓰시오.

( )

( )

( )

( )

( )

( )

문제 15(풀이)

1, 3, 9 세 개의 숫자로 만들 수 있는 세 자릿수는 모두 6가지 입니다.
작은 수부터 차례대로 모두 쓰시오.

(**139**)

(**193**)

(**319**)

(**391**)

(**913**)

(**931**)

문제 16 · 세번째 큰 수 만들기

0, 1, 2 세 개의 숫자를 모두 사용하여 만들 수 있는 숫자 중 세번째로 큰 수를 쓰시오.

0, 1, 2

( )

문제 16(풀이)

0, 1, 2 세 개의 숫자를 모두 사용하여 만들 수 있는 숫자 중 세번째로 큰 수를 쓰시오.

0, 1, 2

(　　120　　)

첫번째 큰 수 **210**

두번째 큰 수 **201**

세번째 큰 수 **120**

102

문제 17 · 두 수의 합 구하기

1, 2, 3, 4 네 개의 숫자로 두 자릿수 숫자 두 개를 만들었습니다.
두 수의 합이 가장 큰 두 수와 그 합을 쓰시오.

(   ) + (   ) = (   )

문제 17(풀이)

1, 2, 3, 4 네 개의 숫자로 두 자릿수 숫자 두 개를 만들었습니다. 두 수의 합이 가장 큰 두 수와 그 합을 쓰시오.

(41) + (32) = (73)

또는

(42) + (31) = (73)

문제 18 · 연속수 구하기

1, 2 / 2, 3 / 4, 5 처럼 연결된 두 수를 연속수라고 합니다.
두 수의 연속수의 합이 5이면 그 두 수는 2와 3입니다.
세 수의 연속수의 합이 15이면 그 세 수는 무엇인지 쓰시오.

( ), ( ), ( )

문제 18(풀이)

1, 2 / 2, 3 / 4, 5 처럼 연결된 두 수를 연속수라고 합니다.
두 수의 연속수의 합이 5이면 그 두 수는 2와 3입니다.
세 수의 연속수의 합이 15이면 그 세 수는 무엇인지 쓰시오.

(**4**), (**5**), (**6**)

4 + 5 + 6 = 15

먼저 세 수의 합인 15를 3으로 나누면 5가 됩니다.
여기서 맨 앞의 수에서 1을 빼서 맨 뒤의 수에 더하면
합이 15가 되는 연속수가 됩니다.

문제 19 · 대칭수 구하기

33, 121, 2332 처럼 앞 뒤로 숫자 배열이 같은 수를 대칭수라고 합니다.
예를 들어 대칭수 121의 합은 4입니다. 세 자릿수 대칭수 중에서
각 숫자의 합이 8인 수는 네 가지입니다. 모두 쓰시오.

(   )

(   )

(   )

(   )

문제 19(풀이)

33, 121, 2332처럼 앞 뒤로 숫자 배열이 같은 수를 대칭수라고 합니다. 예를 들어 대칭수 121의 합은 4입니다. 세 자릿수 대칭수 중에서 각 숫자의 합이 8인 수는 네 가지입니다. 모두 쓰시오.

(**1 6 1**)

(**2 4 2**)

(**3 2 3**)

(**4 0 4**)

1부터 차례대로 양 끝에 같은 수를 배치한 후 가운데 수를 구하면 쉽습니다.

문제 20 · 숫자 맞추기

세 개의 숫자로 숫자 자신과 덧셈과 뺄셈만을 사용하여
1부터 13까지의 숫자를 모두 만들었습니다. 그 세 수를 쓰시오.

(, ,)

문제 20(풀이)

세 개의 숫자로 숫자 자신과 덧셈과 뺄셈만을 사용하여 1부터 13까지의 숫자를 모두 만들었습니다. 그 세 수를 쓰시오.

(1, 3, 9)

1

2 = 3 − 1

3

4 = 3 + 1

5 = 9 − 3 − 1

6 = 9 − 3

7 = 9 − 3 + 1

8 = 9 − 1

9

10 = 9 + 1

11 = 9 + 3 − 1

12 = 9 + 3

13 = 9 + 3 + 1

문제 21 · 숫자 나열하기

숫자 121에서 1과 1사이에는 숫자가 하나(2) 있습니다.
숫자 2132에서 2와 2사이에는 숫자가 두개(1, 3) 있습니다.
그러면 123을 두 번씩 사용하여 1과 1사이에는 숫자가 하나,
2와 2사이에는 숫자가 두개, 3과 3 사이에는 숫자가 세개 오도록
숫자를 나열하시오.

(3 , 1 , 2 , 1 , 3 , 2)

문제 21(풀이)

숫자 121에서 1과 1사이에는 숫자가 하나(2) 있습니다.
숫자 2132에서 2와 2사이에는 숫자가 두개(1, 3) 있습니다.
그러면 123을 두 번씩 사용하여 1과 1사이에는 숫자가 하나,
2와 2사이에는 숫자가 두개, 3과 3 사이에는 숫자가 세개 오도록
숫자를 나열하시오.

(2 , 3 , 1 , 2 , 1 , 3)

이러한 것을 랭퍼드 숫자퍼즐 문제유형이라고 합니다.

문제 22 · 돈 계산하기

70원이 있습니다. 미미는 철수보다 30원이 많습니다.
미미와 철수는 각각 얼마를 가지고 있나요?

미미 (   ) **원**

철수 (   ) **원**

문제 22(풀이)

70원이 있습니다. 미미는 철수보다 30원이 많습니다.
미미와 철수는 각각 얼마를 가지고 있나요?

미미 (50) 원

철수 (20) 원

70 - 30 = 40

40 = 20 + 20
　　　미미　　철수

미미 = 20 + 30 = 50

70원에서 30원을 뺀 40원을 둘이 똑같이 나누면 20원씩 가지게 됩니다.
여기에 미미가 30원이 더 많으므로 30원을 더하면 미미가 50원이 됩니다.

문제 23 · 더하기 숫자 퍼즐

네모 두 개를 겹치면 겹친 부분의 숫자를 더합니다.
아래 네모의 빈 칸을 채우시오.

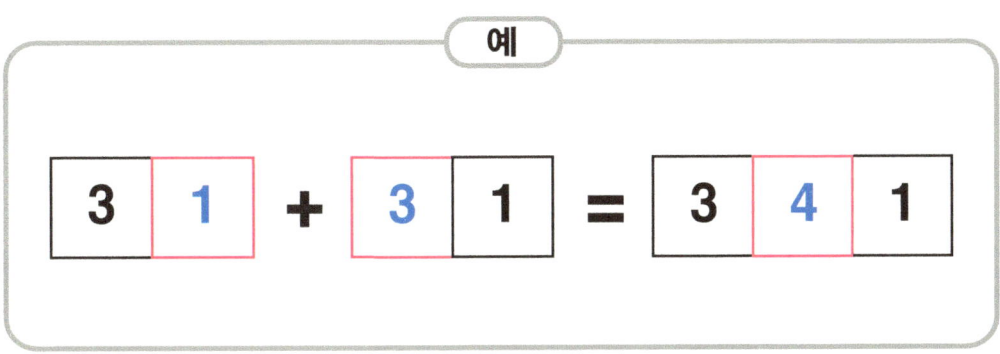

문제 23(풀이)

네모 두 개를 겹치면 겹친 부분의 숫자를 더합니다.
아래 네모의 빈 칸을 채우시오.

3	2
1	4

+

4	1
3	2

=

3	6	1
1	7	2

문제 24 · 경우의 수 알기(3칸)

아래 모양의 세 개의 빈 칸에 🟠▲🟦 를 서로 다르게 채우는 방법은 모두 몇 가지인가요?

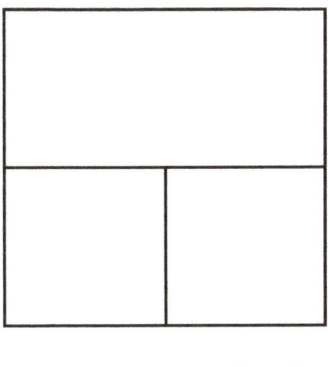

( ) 가지

문제 24(풀이)

아래 모양의 세 개의 빈 칸에 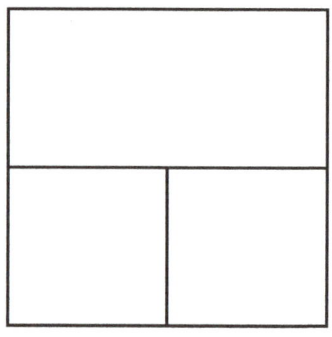를 서로 다르게 채우는 방법은 모두 몇 가지인가요?

(**6**)가지

   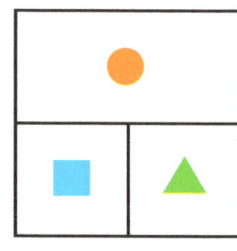   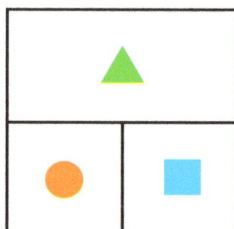

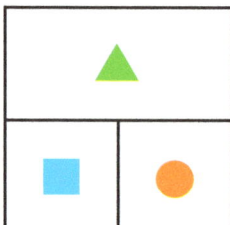      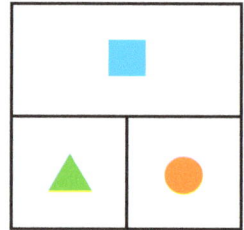

문제 25 · 경우의 수 알기 (3칸)

아래 모양의 세 개의 빈 칸에 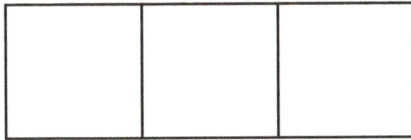 를 서로 다르게 채우는 방법은 모두 몇 가지인가요?

( ) 가지

문제 25(풀이)

아래 모양의 세 개의 빈 칸에 ○△✕를 서로 다르게 채우는 방법은 모두 몇 가지인가요?

(6)가지

문제 26 · 경우의 수 알기(5명)

다섯 명의 친구가 모두 한 번씩 악수를 하는 방법은 몇 가지인가요?

(   )가지

문제 26(풀이)

다섯 명의 친구가 모두 한 번씩 악수를 하는 방법은 몇 가지인가요?

(10) 가지

AB	BC	CD	DE
AC	BD	CE	
AD	BE		
AE			

AB 와 BA처럼 순서가 바뀐 것은 같은 것입니다.

문제 27 · 짧은 거리 찾기

집에서 학교까지 가는 가장 짧은 길은 몇 가지인가요?

( )가지

문제 27(풀이)

집에서 학교까지 가는 가장 짧은 길은 몇 가지인가요?

(**6**) 가지

한 블록을 1이라고 가정한다면 4의 거리로 가는 것이 가장 짧은 방법입니다.

문제 28 · 토너먼트 경기하기

토너먼트 경기는 두 팀이 경기를 하여 이긴 팀만 다음 경기에 올라가는 경기방식입니다.
16팀이 토너먼트 경기를 할 때 몇 번 경기를 해야 우승팀이 정해지는지
알맞은 수를 쓰시오.

(   )**번**

문제 28(풀이)

토너먼트 경기는 두 팀이 경기를 하여 이긴 팀만 다음 경기에 올라가는 경기방식입니다.
16팀이 토너먼트 경기를 할 때 몇 번 경기를 해야 우승팀이 정해지는지
알맞은 수를 쓰시오.

(15)번

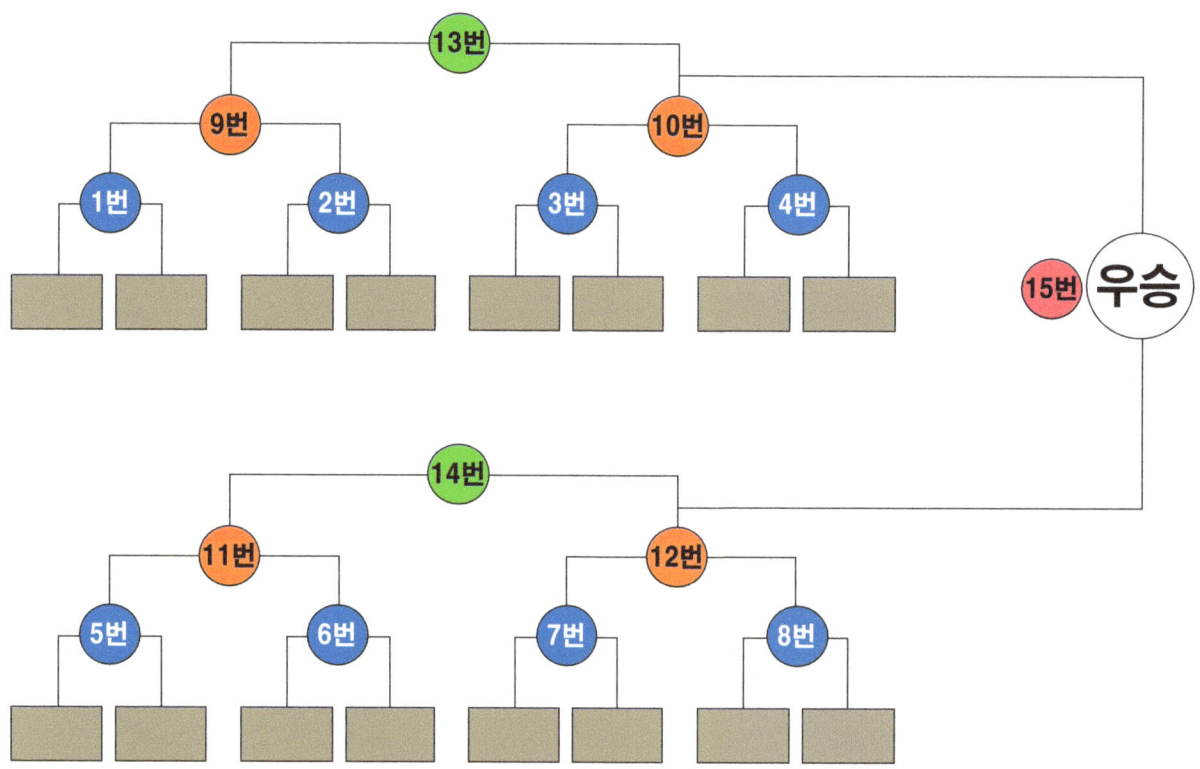

16팀 중 한 팀이 남으려면 15팀이 탈락해야 하기때문입니다.

문제 29 · 숫자의 합이 같도록 채우기

1, 2, 3, 4, 5를 한 번씩만 넣어 모든 도형의 숫자의 합이 같도록 채우시오.

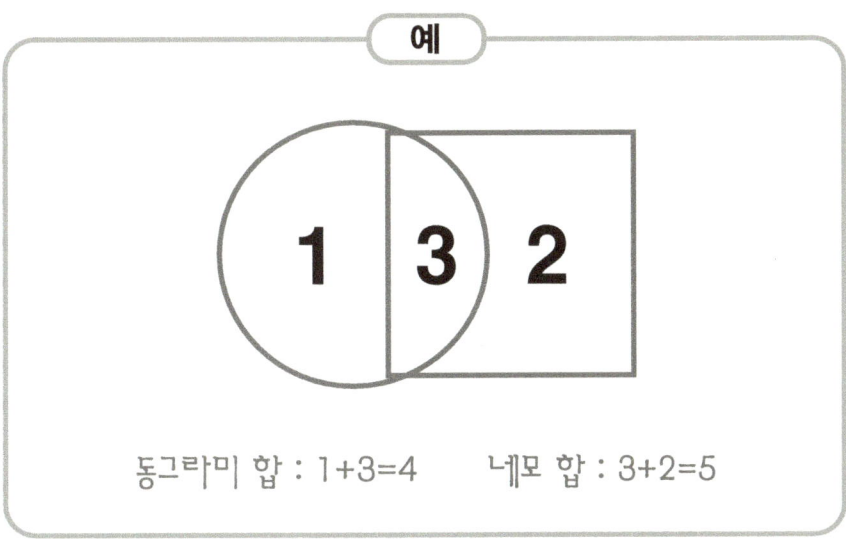

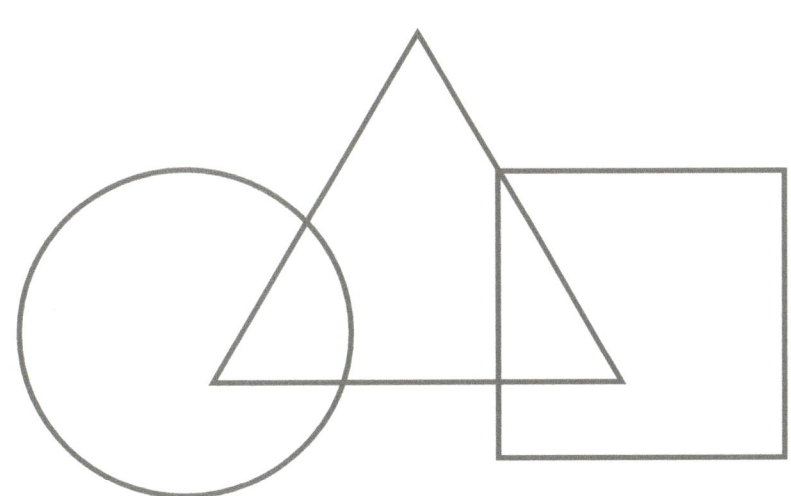

문제 29(풀이)

1, 2, 3, 4, 5를 한 번씩만 넣어 모든 도형의 숫자의 합이 같도록 채우시오.

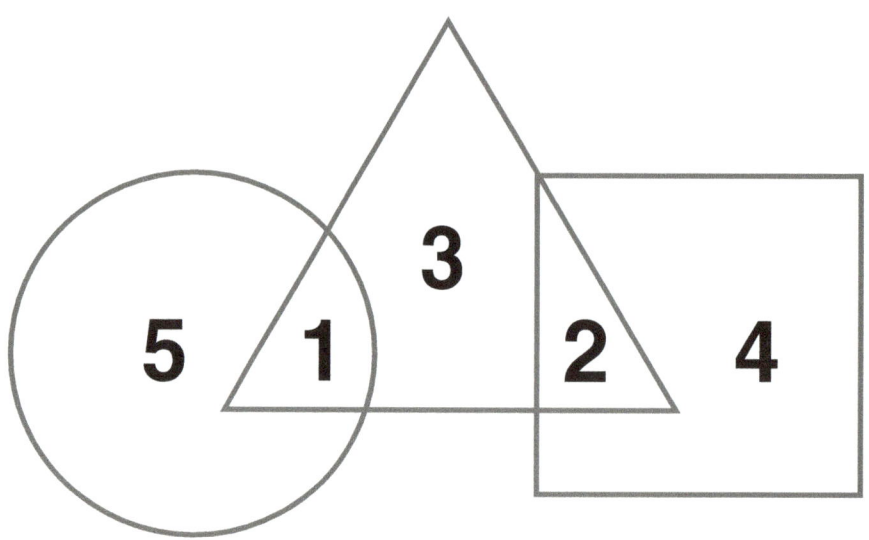

동그라미 : 5+1=6

세모 : 1+3+2=6

네모 : 2+4=6

1, 2, 3, 4, 5를 한 번씩만 넣을 때 모든 도형의 숫자의 합이 같도록 채우는 방법은 위처럼 한 가지입니다.

문제 30 · 십자 마방진 채우기

가로줄 숫자의 합과 세로줄 숫자의 합이 같은 것을
십자 마방진이라고 합니다.
1부터 5까지의 숫자를 사용하여 십자 마방진이 되도록 아래 빈칸을 채우시오.

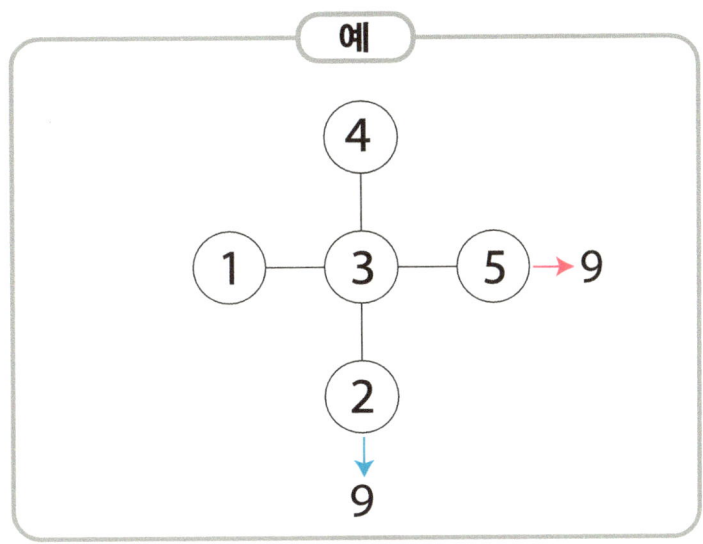

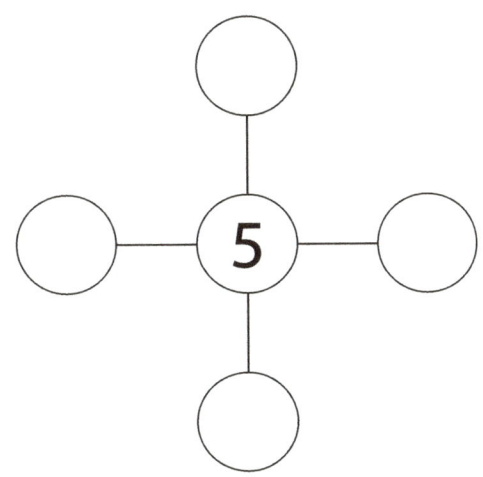

문제 30(풀이)

가로줄 숫자의 합과 세로줄 숫자의 합이 같은 것을
십자 마방진이라고 합니다.
1부터 5까지의 숫자를 사용하여 십자 마방진이 되도록 아래 빈칸을 채우시오.

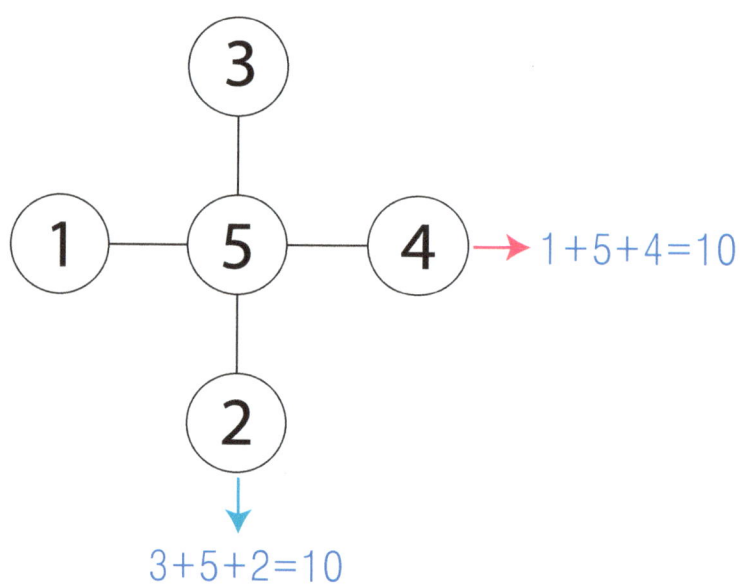

좌, 우 ,상, 하의 숫자 위치는 바뀌어도 됩니다.

문제 31 · 삼각 마방진 채우기

1부터 6까지의 숫자를 사용하여 각 변의 합이 10이 되도록 아래 빈칸을 채우시오.

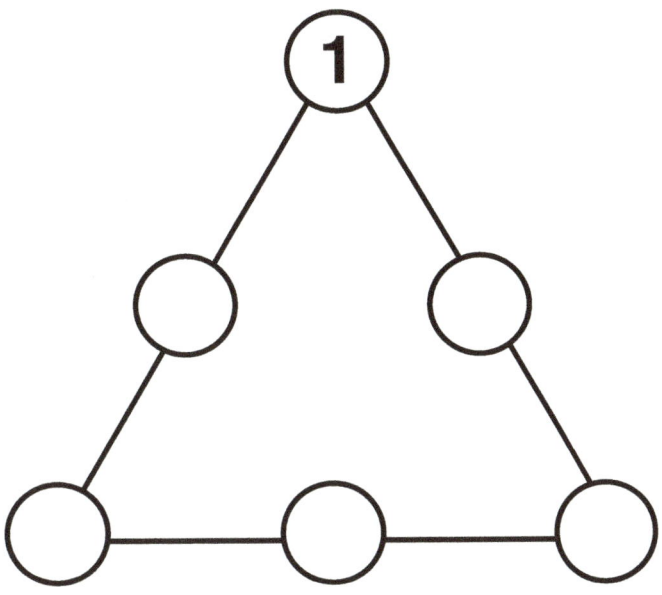

문제 31(풀이)

1부터 6까지의 숫자를 사용하여 각 변의 합이 10이 되도록 아래 빈칸을 채우시오.

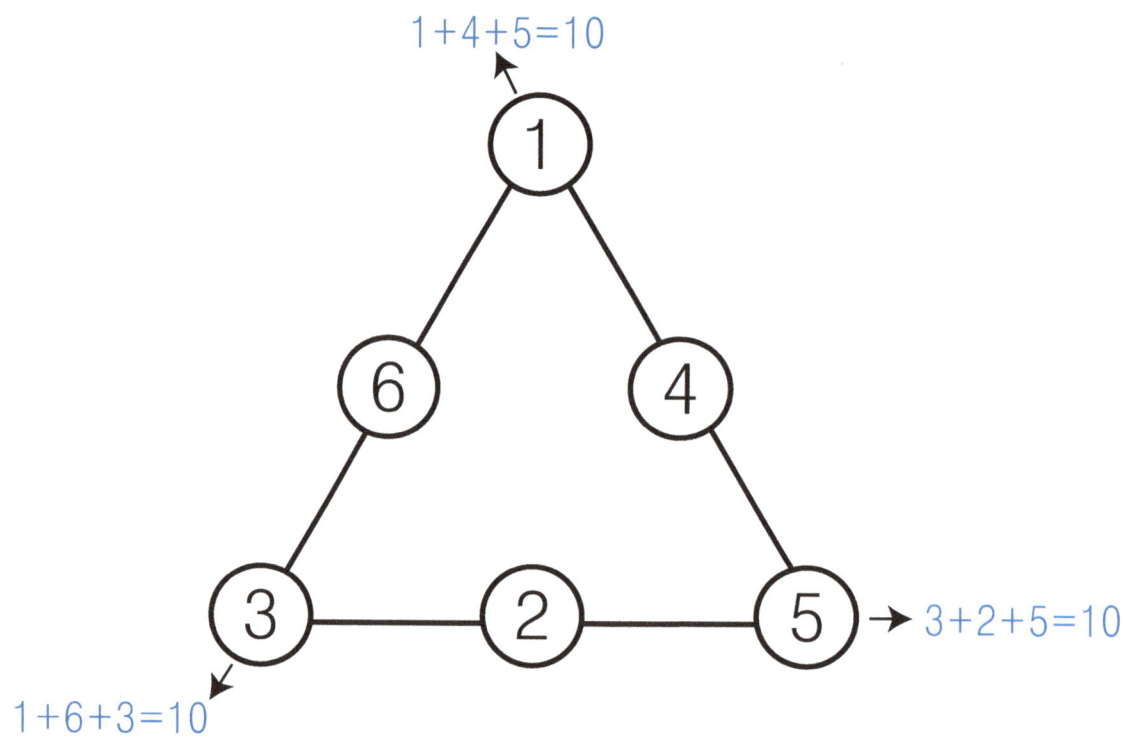

숫자의 흐름만 같으면 위치는 바뀌어도 됩니다.
합이 9, 11, 12가 되는 마방진도 만들 수 있습니다.

문제 32 · 꼭짓점의 합이 같도록 채우기

1, 2, 3, 4, 5, 6, 7, 8 의 숫자를 사용하여 정육면체 각 꼭짓점의 합이 항상 18이 되도록 빈 칸에 알맞은 숫자를 쓰시오.

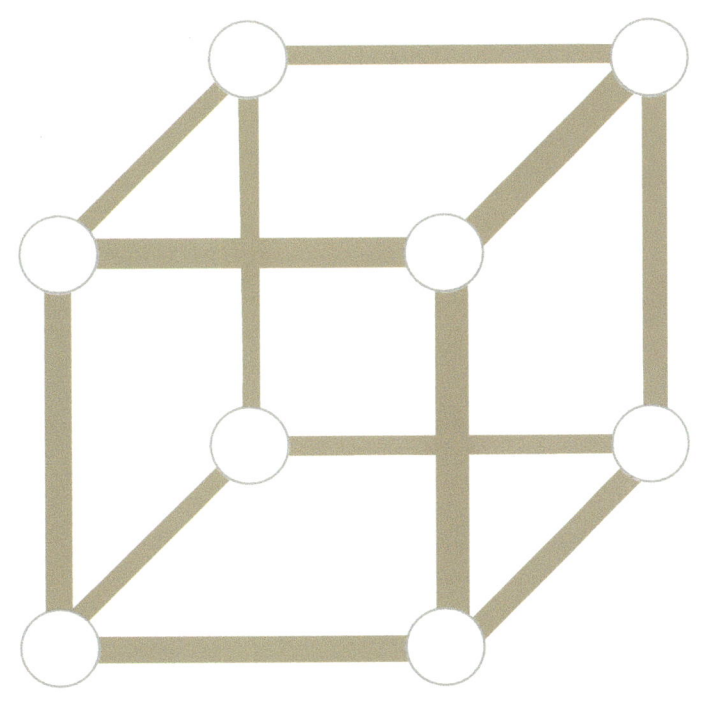

문제 32(풀이)

1, 2, 3, 4, 5, 6, 7, 8 의 숫자를 사용하여 정육면체 각 꼭짓점의 합이 항상 18이 되도록 빈 칸에 들어올 숫자를 쓰시오.

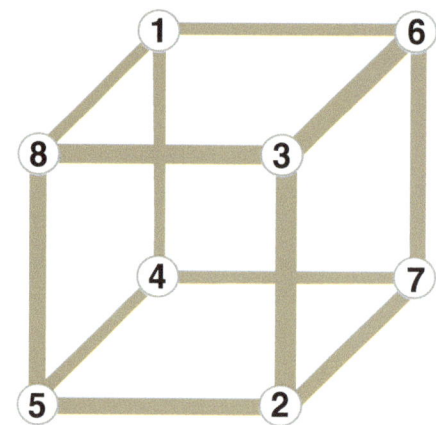

숫자의 위치는 합이 18이라면 상하좌우 바뀔 수 있습니다.

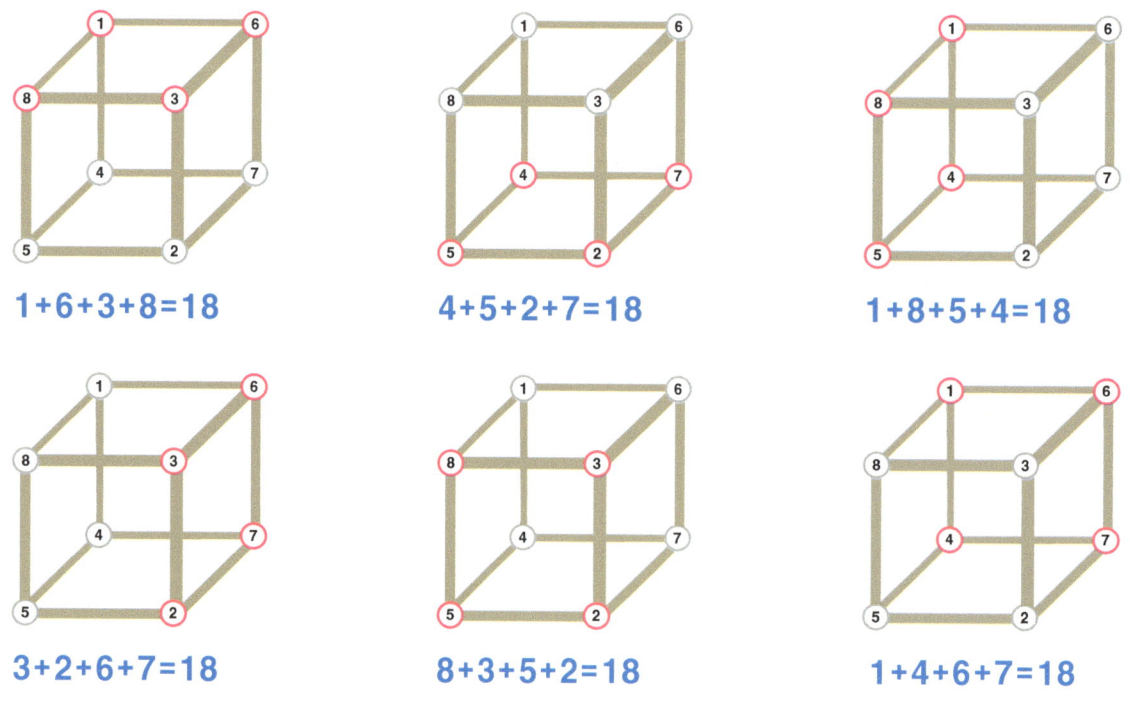

이러한 배열을 주합진이라고 합니다.

문제 33 · 수의 규칙 찾기

수의 규칙을 찾아 빈 칸에 알맞은 숫자를 쓰시오.

3	5	7
5	7	9

문제 33(풀이)

수의 규칙을 찾아 빈 칸에 알맞은 숫자를 쓰시오.

3	5	7
5	7	9
7	9	11

가로 세로줄이 2씩 커지는 수의 규칙입니다.

문제 34 · 수의 규칙 찾기

수의 규칙을 찾아 빈 칸에 알맞은 숫자를 쓰시오.

1	2	3	4
8	7	6	5
9	10		

1	2	9	
4	3	8	
5	6	7	

문제 34(풀이)

수의 규칙을 찾아 빈 칸에 알맞은 숫자를 쓰시오.

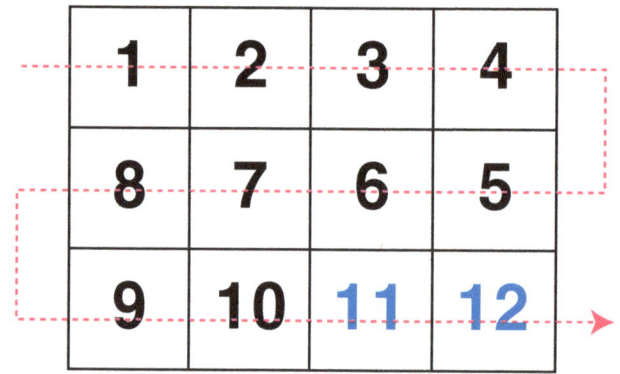

위처럼 화살표 방향으로 1씩 커지는 수의 규칙입니다.

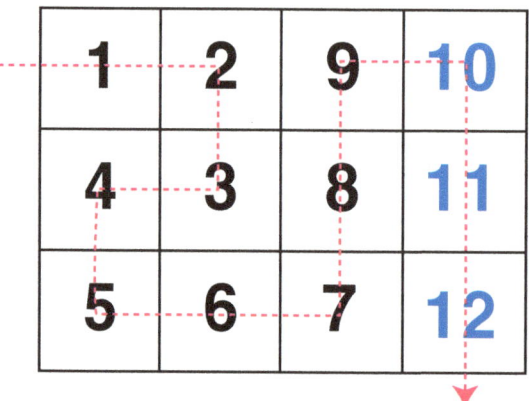

위처럼 화살표 방향으로 1씩 커지는 수의 규칙입니다.

문제 35 · 수의 규칙 찾기

아래와 같이 숫자들이 일정한 규칙에 따라 변합니다.
빈 칸에 올 숫자를 쓰시오.

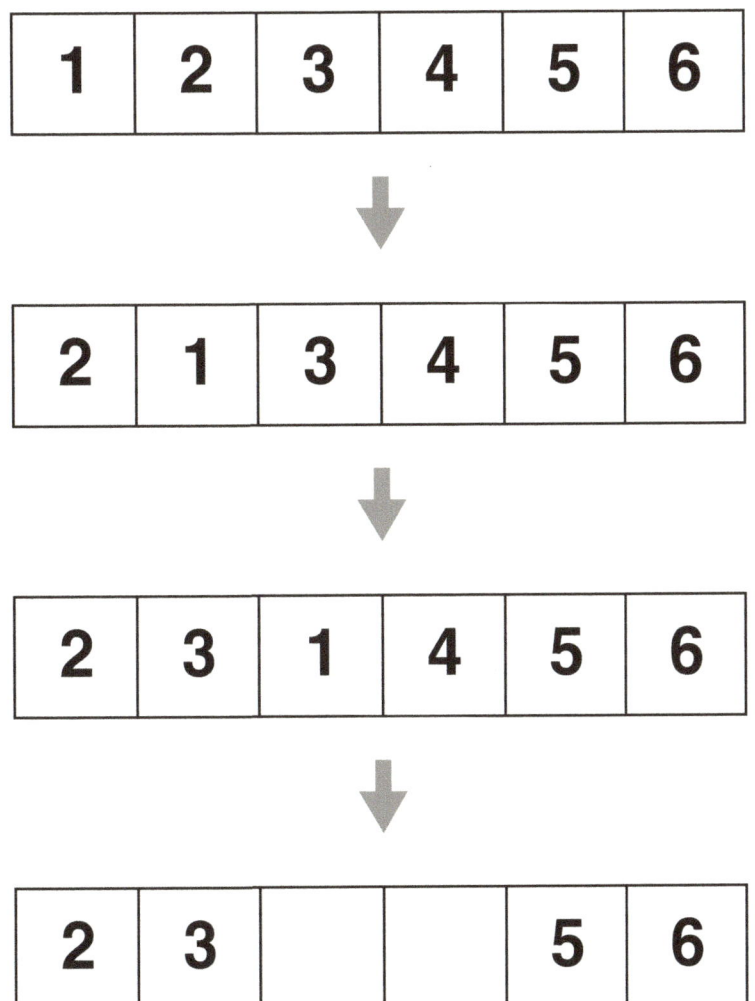

문제 35(풀이)

아래와 같이 숫자들이 일정한 규칙에 따라 변합니다.
빈 칸에 올 숫자를 쓰시오.

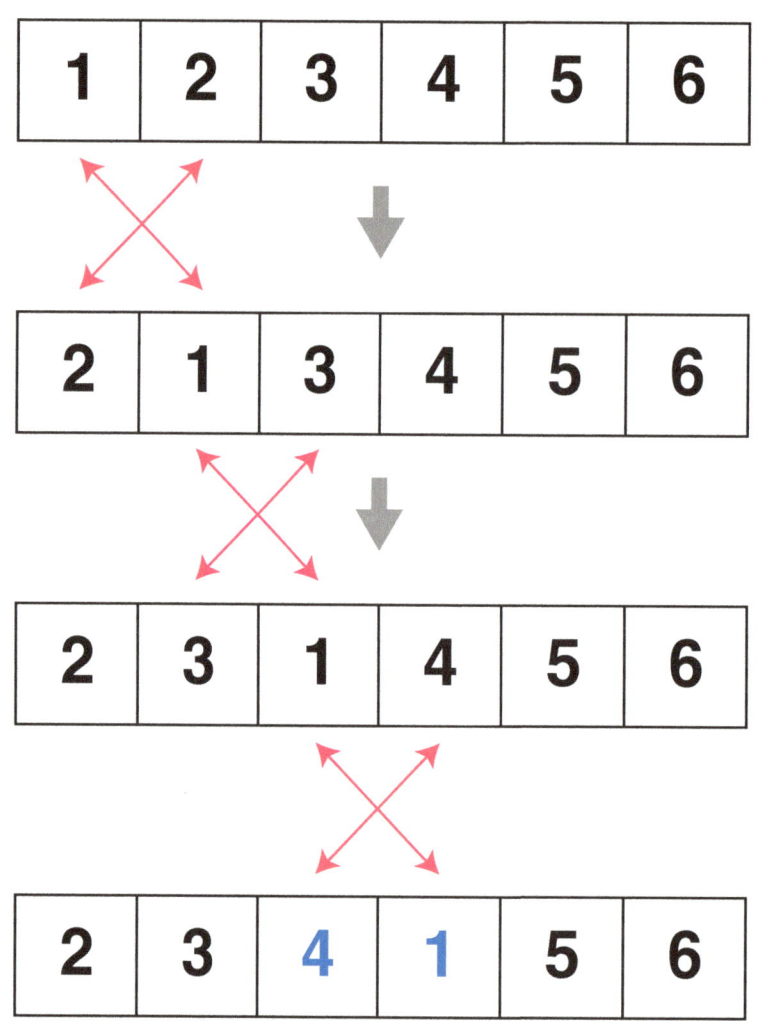

맨 앞쪽부터 순서대로 앞, 뒤의 숫자끼리 순서가 바뀌어 갑니다.

문제 36 · 수의 규칙 찾기

수의 규칙에 대한 문제입니다.
20번째 오는 숫자를 쓰시오.

1 2 1 2 1 2 1 2 ······

·································· ( )

문제 36(풀이)

수의 규칙에 대한 문제입니다.
20번째 오는 숫자를 쓰시오.

1과 2가 반복되는 규칙입니다. 짝수번째 2가 오므로 20번째에는 짝수인 2가 옵니다.

문제 37 · 피보나치 수열

수의 규칙에 대한 문제입니다.
빈 칸에 들어올 숫자를 쓰시오.

0   1   1   2   3   5   8 (   )

문제 37(풀이)

수의 규칙에 대한 문제입니다.
빈 칸에 들어올 숫자를 쓰시오.

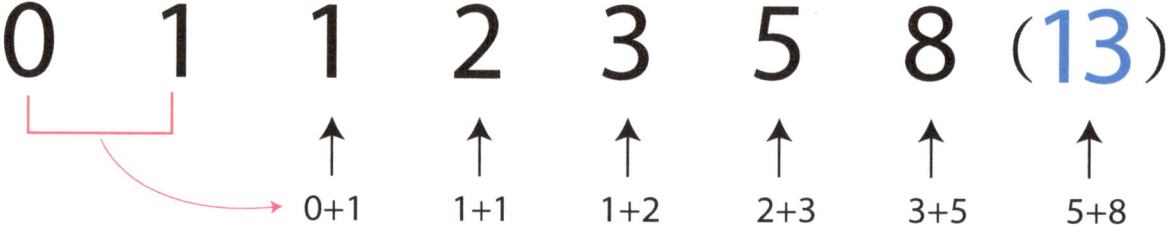

위의 수들은 앞의 두 수를 더해서 다음 수가 되는 규칙입니다.
이러한 수의 규칙을 **피보나치 수열**이라고 합니다.

문제 38 · 파스칼의 삼각형

수의 규칙에 대한 문제입니다.
아래 빈칸에 알맞은 수를 쓰시오.

$$1$$

$$1 \quad 1$$

$$1 \quad 2 \quad 1$$

$$1 \quad () \quad 3 \quad 1$$

$$1 \quad 4 \quad 6 \quad () \quad 1$$

문제 38(풀이)

수의 규칙에 대한 문제입니다.
아래 빈칸에 알맞은 수를 쓰시오.

1

1 + 1

1 + 2   1

1   (3)   3 + 1

1   4   6   (4)   1

위의 두 수를 더해 다음 수를 만드는 유명한 **파스칼의 삼각형**입니다.

문제 39 · 회전 패턴 찾기

아래와 같이 모양들이 일정한 규칙에 따라 변합니다.
빈 칸에 올 모양을 그리시오

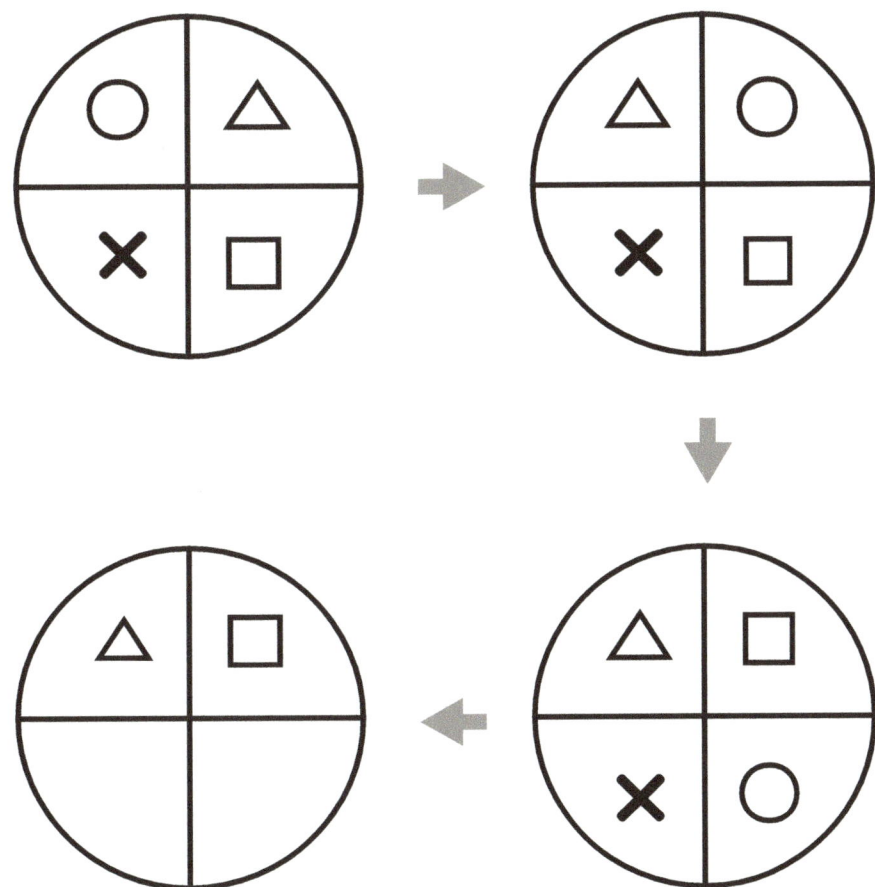

문제 39(풀이)

아래와 같이 모양들이 일정한 규칙에 따라 변합니다.
빈 칸에 올 모양을 그리시오

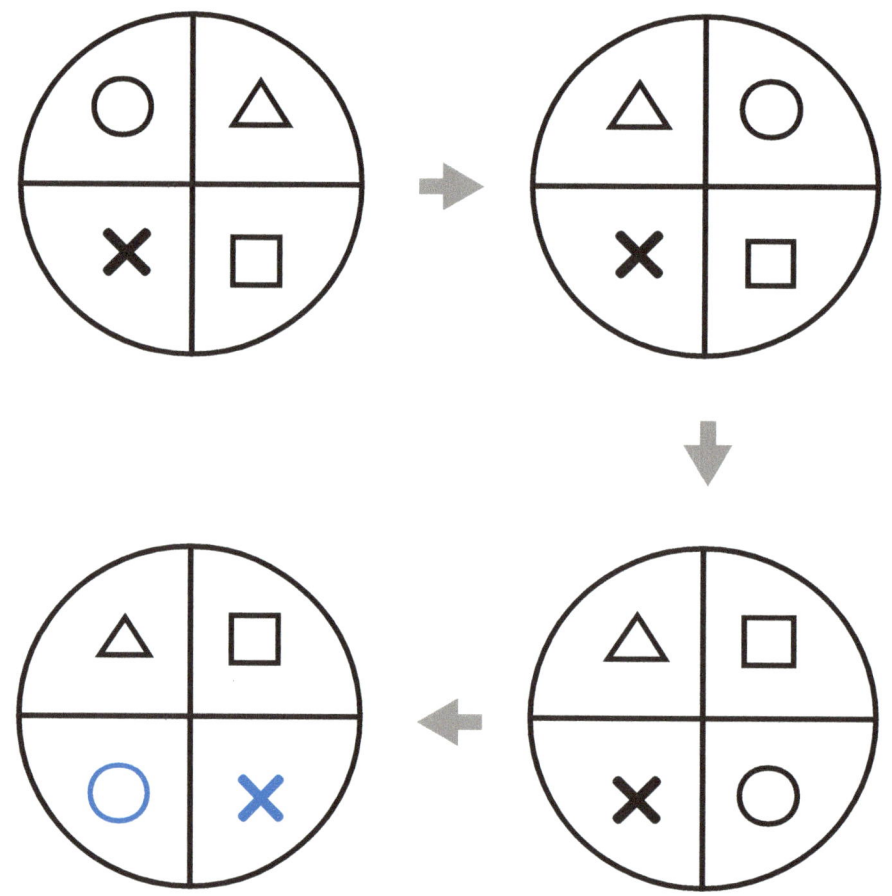

시계 방향으로 왼쪽 오른쪽, 위아래의 위치를 바꿔가는 패턴입니다.

문제 40 · 10 만들기

동그라미 안의 세 개의 숫자 중 하나를 지운 후 남아 있는 두 수와 두 수의 합을 다음 동그라미 안에 씁니다. 이와같이 진행하여 10을 만드시오.

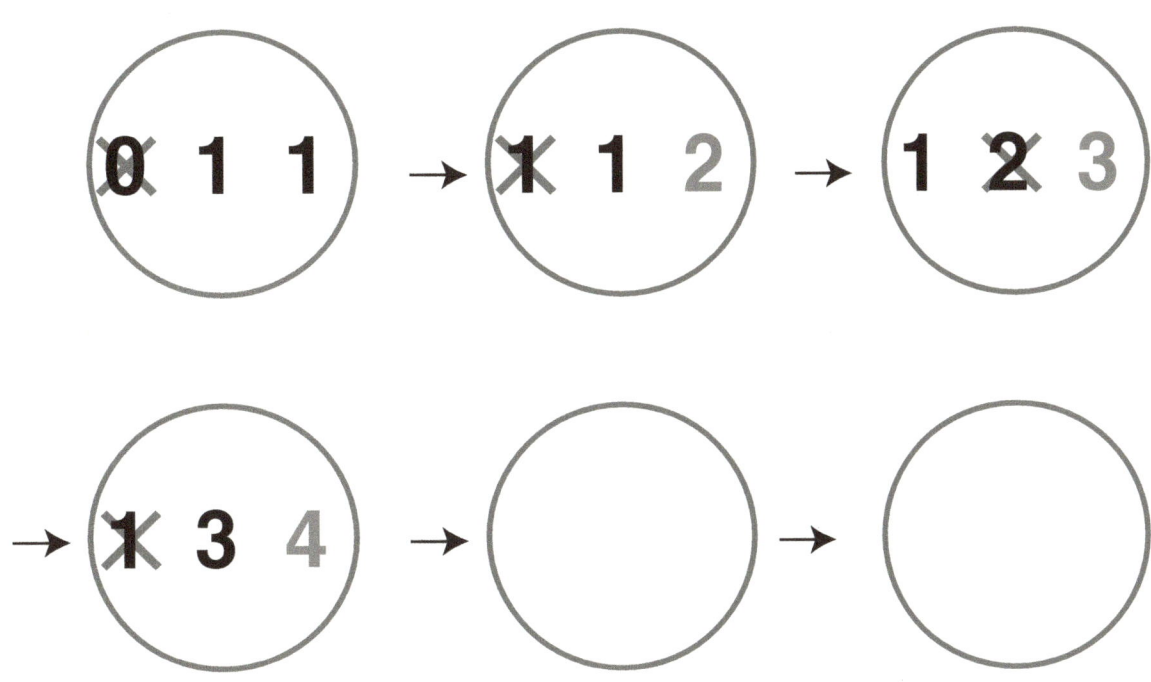

문제 40(풀이)

동그라미 안의 세 개의 숫자 중 하나를 지운 후 남아 있는 두 수와
두 수의 합을 다음 동그라미 안에 씁니다. 이와같이 진행하여
10을 만드시오.

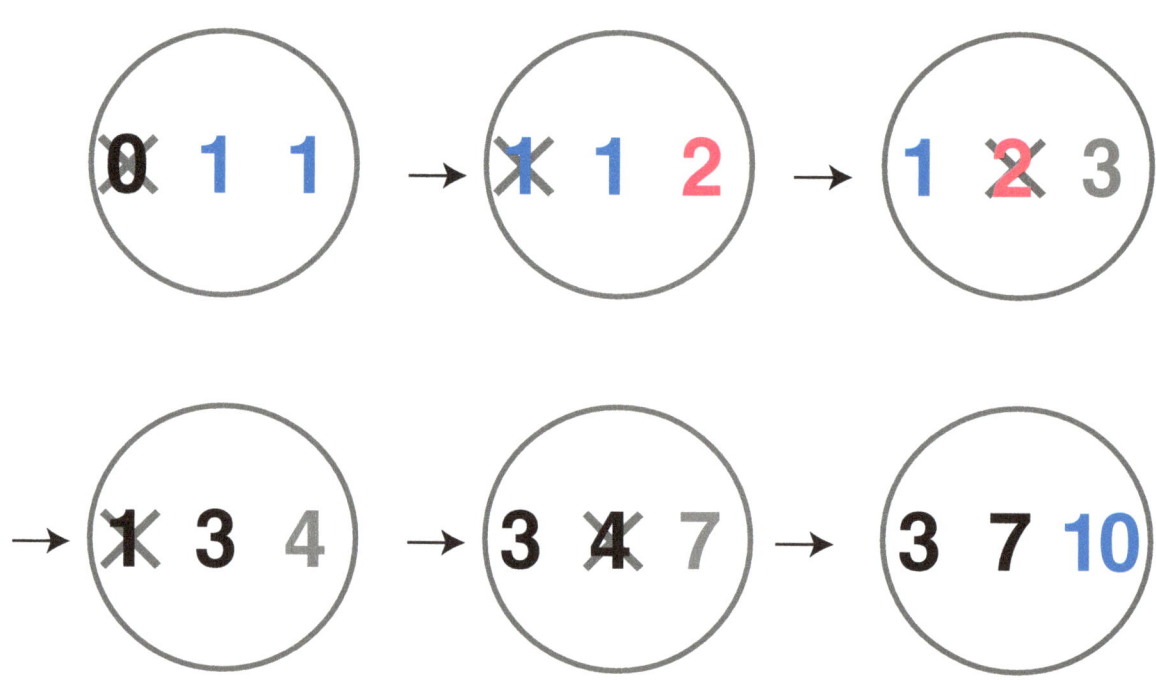

상위 10% 영재아를 위한

한버공
영재 수학퀴즈

1. 2. 4권 차례

① 차 례

문제 1 · 다각형 알기………… 5 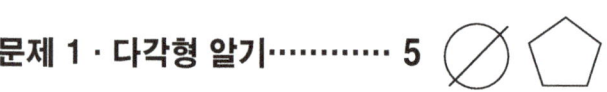　　문제 10 · 주사위 눈 위치 알기……… 23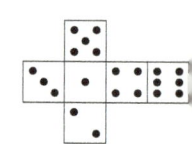

문제 2 · 다각형 알기………… 7 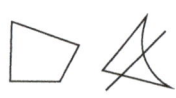　　문제 11 · 주사위 숫자 위치 알기 …… 25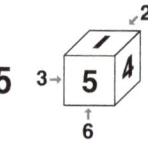

문제 3 · 입체도형 알기……… 9 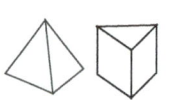　　문제 12 · 주사위 굴리기…………… 27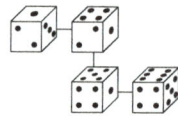

문제 4 · 선대칭 알기………… 11 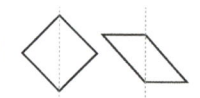　　문제 13 · 두조각 같은 모양으로 나누기… 29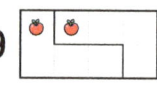

문제 5 · 선대칭 알기………… 13 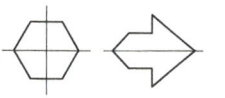　　문제 14 · 두조각 같은 모양으로 나누기… 31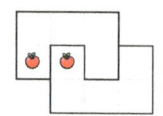

문제 6 · 입체도형 전개도 알기… 15 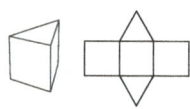　　문제 15 · 세조각 같은 모양으로 나누기… 33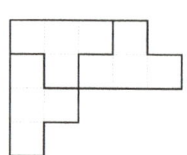

문제 7 · 이등변 삼각기둥 전개도 알기…17 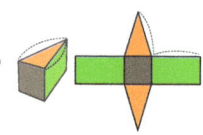　　문제 16 · 네조각 같은 모양으로 나누기… 35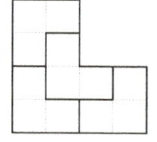

문제 8 · 정사면체 전개도 알기… 19 　　문제 17 · 네조각 같은 모양으로 나누기… 37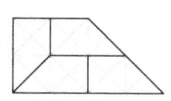

문제 9 · 정육면체 전개도알기 … 21 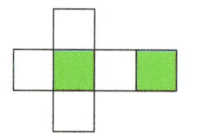　　문제 18 · 정사각형 4개 연결하기…… 39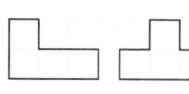

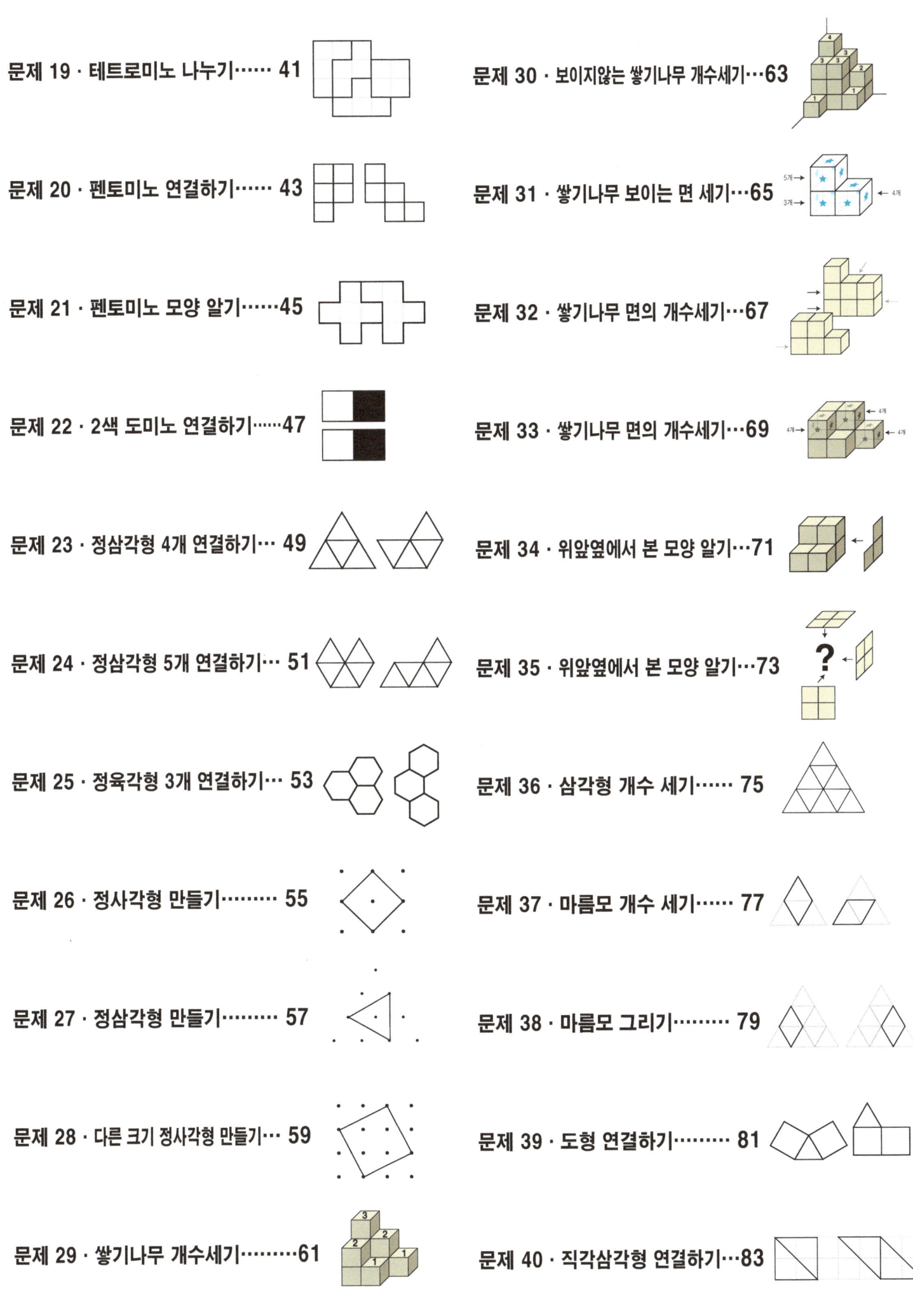

문제 19 · 테트로미노 나누기 …… 41

문제 20 · 펜토미노 연결하기 …… 43

문제 21 · 펜토미노 모양 알기 …… 45

문제 22 · 2색 도미노 연결하기 …… 47

문제 23 · 정삼각형 4개 연결하기 … 49

문제 24 · 정삼각형 5개 연결하기 … 51

문제 25 · 정육각형 3개 연결하기 … 53

문제 26 · 정사각형 만들기 ……… 55

문제 27 · 정삼각형 만들기 ……… 57

문제 28 · 다른 크기 정사각형 만들기 … 59

문제 29 · 쌓기나무 개수세기 ……… 61

문제 30 · 보이지않는 쌓기나무 개수세기 … 63

문제 31 · 쌓기나무 보이는 면 세기 … 65

문제 32 · 쌓기나무 면의 개수세기 … 67

문제 33 · 쌓기나무 면의 개수세기 … 69

문제 34 · 위앞옆에서 본 모양 알기 … 71

문제 35 · 위앞옆에서 본 모양 알기 … 73

문제 36 · 삼각형 개수 세기 …… 75

문제 37 · 마름모 개수 세기 …… 77

문제 38 · 마름모 그리기 ……… 79

문제 39 · 도형 연결하기 ……… 81

문제 40 · 직각삼각형 연결하기 … 83

차례

문제 1 · 사각형 나누기 …… 5

문제 2 · 숫자 채우기 ……… 7

문제 3 · 숫자 채우기 ……… 9

문제 4 · 숫자퍼즐 맞추기 … 11

문제 5 · 주사위 눈의 수 쓰기 … 13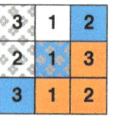

문제 6 · 별무늬 퍼즐 오리기 … 15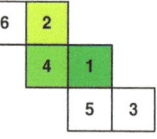

문제 7 · 별무늬 퍼즐 오리기 … 17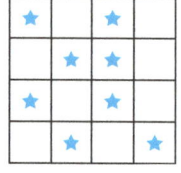

문제 8 · 퍼즐 조각 오리기 … 19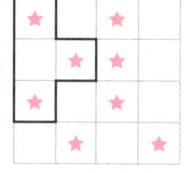

문제 9 · 직사각형 만들기 … 21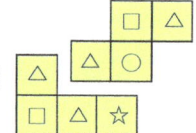

문제 10 · 아래 카드 찾기 …… 23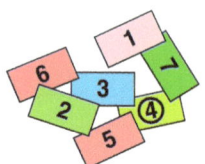

문제 11 · 아래 막대 찾기 …… 25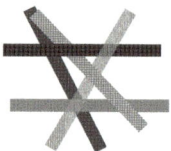

문제 12 · 고리 연결하기 …… 27

문제 13 · 원판 쌓기 ………… 29

문제 14 · 점대칭 그리기 …… 31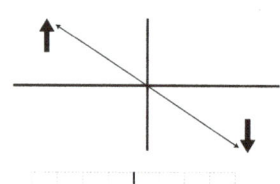

문제 15 · 점대칭 찾기 ……… 33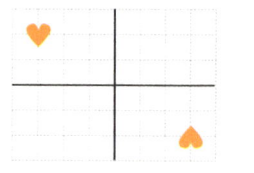

문제 16 · 직선 2개로 점 연결하기 · 35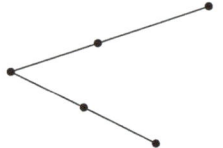

문제 17 · 직선 3개로 점 연결하기 · 37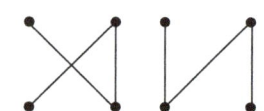

문제 18 · 동그라미 3조각 나누기 · 39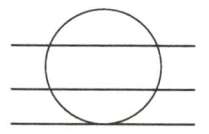

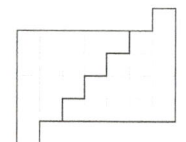

문제 19 · 동그라미 11조각 나누기 … 41

문제 20 · 동그라미 나누기 … 43

문제 21 · 정사각형 분할하기 … 45

문제 22 · 정육면체 자르기 … 47

문제 23 · 점 연결하여 삼각형 만들기 · 49

문제 24 · 원 위에 삼각형 만들기 … 51

문제 25 · 사각형 위에 도형 만들기 … 53

문제 26 · 삼각형 위에 도형 만들기 … 55

문제 27 · 반 크기 정사각형 만들기 … 57

문제 28 · 사각형 찾기 … 59

문제 29 · 합이 같도록 시계 삼등분 하기 · 61

문제 30 · 위치 이동 비교 패턴 … 63

문제 31 · 모양 변화 비교 패턴 … 65

문제 32 · 숫자 3개 고르기 … 67

문제 33 · 숫자 4개 고르기 … 69

문제 34 · 두 점의 만남 비교 … 71

문제 35 · 두 점의 만남 비교 … 73

문제 36 · 동전 지불하기 … 75

문제 37 · 동전 개수 알기 … 77

문제 38 · 두 수의 합 알기 … 79

문제 39 · 동물 수 세기 … 81

문제 40 · 식탁 수 세기 … 83

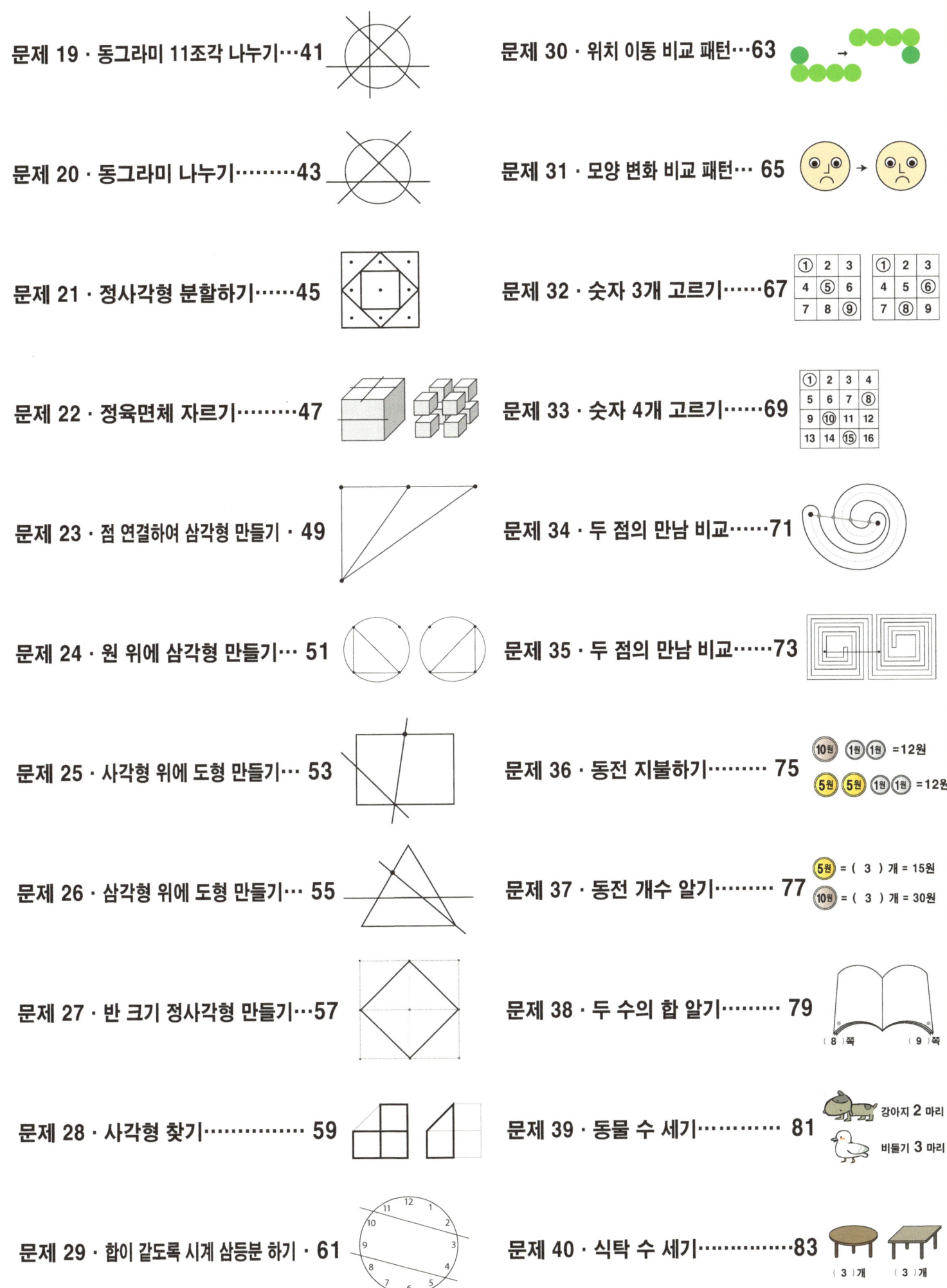

차례 4

문제 1 · 같은 그림 연결하기 · 5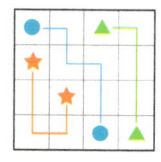

문제 2 · 같은 그림 연결하기 · 7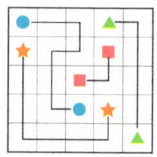

문제 3 · 길 연결하기 ········· 9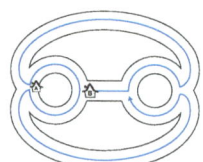

문제 4 · 한 붓 그리기 찾기 ··· 11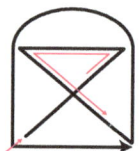

문제 5 · 한 붓 그리기 ······ 13

문제 6 · 한 붓 그리기 ······ 15

문제 7 · 길 만들기 ········ 17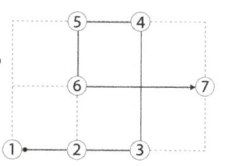

문제 8 · 바둑돌 줍기 ······ 19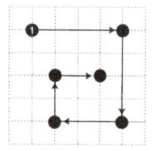

문제 9 · 바둑돌 줍기 ······ 21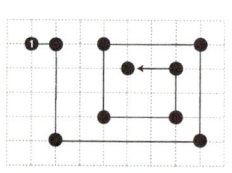

문제 10 · 바둑돌 줍기 ·········· 23

문제 11 · 사다리 지우기 ·········· 25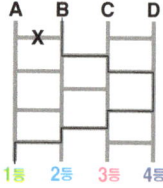

문제 12 · 짧은 거리 찾기 ·········· 27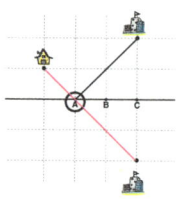

문제 13 · 코딩 명령어 놀이 ········ 29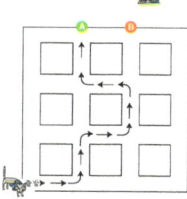

문제 14 · 무거운 구슬 찾기 ········ 31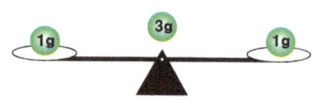

문제 15 · 무거운 구슬 찾기 ········ 33

문제 16 · 투명 필름 겹치기 ········ 35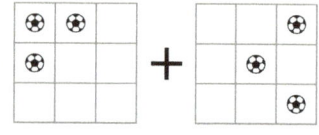

문제 17 · 투명 필름 겹치기 ········ 37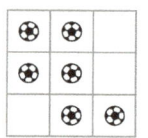

문제 18 · 숫자의 대칭 ············· 39

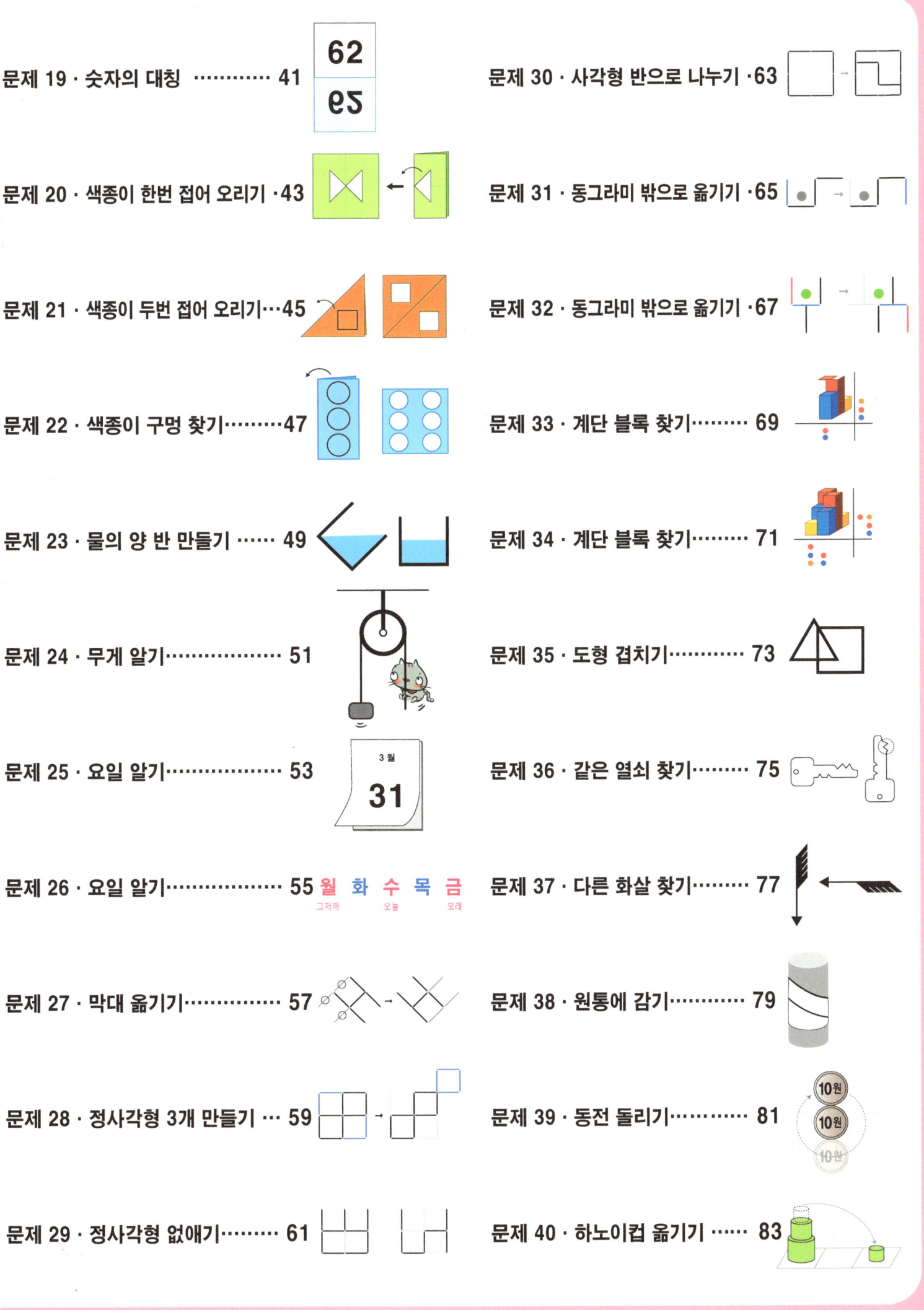

한버공 영재 수학 퀴즈.3권

초판 발행일 : 2025년 3월 10일

지은이 : 한버공

펴낸 곳 : 청송문화사
　　　　　서울시 중구 수표로 2길 13

홈페이지 : www.kidzone.kr

전화 : 02-2279-5865

팩스 : 02-2279-5864

등록번호 : 2-2086 / 등록날짜 : 1995년 12월 14일

가격 : 14000원

잘못 인쇄된 책은 서점이나 본사에서 바꿔 드립니다.

한버공 영재 수학 퀴즈.3권